Una vida con integridad es lo opuesto a una vida plana y sin sentido. Según la autora, un mundo de posibilidades se encuentra frente a nosotros y la integridad es el camino indispensable para retomar la calidad de nuestro presente y futuro. El precio de no hacerlo es elegir un mundo envuelto en corrupción, drogas, violencia, inseguridad, desconfianza, miedo y falta de sentido.

Ya no es posible seguir esperando a que otros resuelvan los dilemas de nuestro mundo actual. Hoy más que nunca se requiere de personas valientes y lúcidas que elijan recuperar el poder de su palabra y sostener la posibilidad de un futuro pleno y con propósito.

La integridad, propone la autora, no sólo es un valor imperdible, sino una elección cotidiana. Los dilemas éticos que nos enfrenta en el mundo actual son complejos. No hay respuestas blancas y negras. En esta lectura encontramos camino para navegar el mundo en integridad, lo que exige un compromiso renovado con nuestra capacidad de reflexión y la reconexión con nuestra postura individual y colectiva ante la vida.

Fernando Flores, PhD
Filósofo, Ingeniero y Catedrático.
Pionero en el campo de la ontología
del lenguaje y la comunicación.
Creador de una diversidad de empresas.

En este libro encontrarás una voz honesta
que te guiará en la exploración de los dilemas éticos
que enfrentamos en el mundo actual
al elegir la integridad como una posibilidad:

- Consigo mismo
- Con los demás
- En el amor de pareja
- En la política
- En las empresas
- En el cambio
- En la propia espiritualidad

La autora, considerada como
una autoridad en psicología
y en el mundo del coaching en Latinoamérica,
nos pregunta: ¿Qué futuro queremos elegir?
¿Qué precio estamos dispuestos a pagar para crear
la posibilidad de un futuro digno y humano
en nuestro paso por la Tierra?

Para mis hijas Mariana y Diana,
para mi hermana Betty
y para mis madres Ma. Luisa y Rosa María
por ser amigas, compañeras y cómplices
en el caminar de la vida.

———————

¿Cuál valor, si todos lo adoptáramos,
tendría la capacidad de transformar
el mundo actual en una sola generación?

———————

LA INTEGRIDAD

EPÍGRAFE (Comentarios)

"Ana Luisa Escalante nos regala un libro claro y profundo sobre la relevancia de vivir en integridad en un mundo cambiante y lleno de desafíos éticos. Este libro es una herramienta útil para *coaches*, mentores, maestros y todos aquellos interesados en reflexionar y comprometerse con crear un mundo con mayor plenitud."

Dr. Damián Goldvarg, MCC, SCP, ESIA
President The Goldvarg Consulting Group, Inc.
Global Past President International Coach Federation (2013-2014)

Ana Escalante nos ofrece un discurso brillante y oportuno sobre el tema de lenguaje, integridad y comunidad. Nuestra felicidad y éxito están unidos irremediablemente a la integridad. No elegir una vida íntegra es costos no sólo para nuestra salud sino también en nuestras relaciones. El libro de Ana es una lectura obligada y se recomienda para cualquiera que quiera generar confianza y cuidado profundo por sí mismo y por los demás.

Bettie Spruill, PCC
Entrenadora y Coach Mundial
CEO Ideal Coaching Global

Ana Luisa Escalante descubre con profesionalidad y poesía en este libro el mundo escondido de nuestro yo y el universo infinito de su bondad y belleza. Tema más oportuno y actual no se puede encontrar. ¡Disfrútalo! Muy buena lectura.

Dra. Rosa Ma. Rivero
Pedagoga
Fundadora de La Casa de la Sal, A.C.

Este texto parte de una palabra que resuena, remueve, resignifica. INTEGRIDAD. Una palabra que, en su simpleza, devela una práctica que cuando se ejercita, nos permite mostrar la mejor versión de nosotros mismos.

El libro de Ana Luisa Escalante no es un llamado moralista a ser íntegro, es una invitación y una recomendación práctica a reflexionar individual y colectivamente, en familia, en nuestras empresas, en nuestros países acerca del lenguaje de las posibilidades para vivir con otros con integridad.

Resulta una lectura enriquecedora que nos presenta un mapa de navegación para aprender a ofrecer promesas con capacidad de coordinar acciones y crear resultados. ¡No poca cosa en un mundo como el de hoy!

Dra. Rossana Fuentes Berain
Periodista y Empresaria Mexicana
Directora General
México Media Lab

En este libro, Ana Escalante muestra la amplitud de sus intereses y la profundidad de sus conocimientos al analizar fenómenos que van desde la política, la vida laboral, las relaciones de pareja, hasta la espiritualidad, desde una perspectiva única: la de la integridad.

Quienes conozcan a Ana, reconocerán su voz en esta obra, porque ella vive lo que propone. Y para quienes no la conozcan todavía, esta es una buena oportunidad de entrar en contacto con una autora cuya inteligencia es tan brillante como es cálido su corazón.

Dra. Margarita Tarragona
Presidenta de la Sociedad Mexicana de Psicología Positiva

Este libro de Ana Escalante concentra las posibilidades más felices de la humanidad en un tono extraordinariamente positivo. Si estuviera describiendo un concierto de violín, tendría que decir que está escrito en do mayor, el mas claro: sin piedras en el camino.

De hecho, a Ana le entusiasma la música y toca el violín estupendamente. Esto lo digo porque no puedo deslindar su obra, de ella misma; me sería imposible, y porque además de otras cualidades su sentido musical la define como sus letras: clara, verdadera, entusiasta; precisamente lo que se ve aquí. Su lectura me contrasta con lo que se oye hoy: noticias, opiniones, conversaciones, casi siempre negativas y pesimistas. Pareciera que nuestro tiempo está siendo rechazado por nosotros mismos, contrariamente a aquella frase que algún día oí y que podría definir este libro: "ámame cuando menos lo merezca, cuando más lo necesito".

Jorge Morfín Hierro
Pionero del Desarrollo Organizacional en México.
Presidente CD Consultores

Esta aportación de Ana Escalante es un grano de esperanza para alimentar nuestra posibilidad de sabernos con capacidad de ser mejores como especie... de una especie que siendo no sólo la peor enemiga para sí misma, lo es para las demás especies que lo rodean, incluso su entorno... tenemos la capacidad y la ambivalencia de la autodestrucción, rayando en lo abyecto y bestial y en el otro extremo de lo divino ... eso es demasiado poder y tal vez por desgracia demasiada elección... no hay nada más divino y terrenal que nuestra propia conciencia y nuestra propia elección... somos seres de luz y sombras... la integridad es un herramienta creada por nosotros para una y otra vez no llegar al caos, es la lucha de Sísifo que cada vez que llega a la cima tiene que volverlo a intentar y no hay nada más digno y más nuestro que morir en ese intento... simplemente nunca cejar...

Horacio Armendáriz
Filósofo, Chef Ejecutivo
Presidente de La Casa de la Sal, A.C.

Ana Escalante aporta, en este libro, más que certezas, preguntas poderosas que nos permiten mirar dentro de nosotros mismos e inspirarnos para crear una nueva visión del mundo de lo posible.

A través de anécdotas e historias de nuestra vida contemporánea, Ana analiza el arte de generar un lenguaje consciente como un mecanismo para abrir nuevas puertas hacia una vida clara y con propósito.

Jorge Arzate
Coach y Consultor Empresarial
Co-Fundador de la Fundación San Felipe de Jesús, I.A.P.

Este libro te permitirá crear conciencia sobre el valor y el significado de la Integridad en los diversos ámbitos de nuestra vida, siendo nosotros mismos una parte importantes del contexto de las posibilidades que podemos inventar en el mundo de hoy.

Para mi representó un llamado a regresar a mi estado natural de Integridad y gentileza en el cual, a mayor nivel de integridad me permita vivir mayor plenitud tendré conmigo misma y con todo lo que me rodea.

Ma. Elena Álvarez, PCC
Coach Profesional y Empresaria
Senior Staff Coach Ideal Coaching Mexico

Cuando leer un libro se transforma en un viaje al interior de nuestros pensamientos, emociones e intenciones, sabes que vale la pena no solo leerlo sino vivirlo. Ana Escalante nos confronta con nuestra propia integridad para, desde ahí, iniciar un proceso personal de verdadera transformación.

SER ÍNTEGROS DESDE LA INTEGRIDAD.

Nieves Rión del Olmo
Directora Amadi Solutions/Corporate
Cofundadora Casa de la Sal A.C. y de Sincera Ser A.C.

Este libro es indispensable para continuar creando empresas socialmente responsables e íntegras. A través de él podemos comprender lo poderoso que es vivir en congruencia para lograr nuestras metas. Es necesario entender como el lenguaje puede ayudarnos a crear empresas más humanas y resilientes capaces de enfrentar los retos del mundo actual.

Isaac Valdiviesso
Empresario y Emprendedor
Presidente, Farmazon

Para mí, la manera más clara de explicar la Integridad tiene que ver con los números; de hecho, con el primer número, es decir el uno. El uno es el primer número entero. De ahí surge el concepto de Integridad, que viene de "integer" más el sufijo "idad" calidad de ser, es decir la cualidad de ser entero.

La integridad entonces la interpreto como ser de una sola pieza no fragmentada y que es imposible dividir. Se dice fácil y en mi opinión ser Íntegro es de las cualidades del ser más difíciles de lograr.

Es por ello que el nuevo libro de Ana Escalante es indispensable para cualquiera que quiera desarrollar esa cualidad ya que el poder de UNO requiere la práctica de la integridad. En otras palabras, tu poder como individuo radica en tu determinación para ser íntegro.

Eduardo Achach Iglesias
Actuario, Líder Empresarial,
Coach Ontológico y Político
Ex Candidato a Diputado 2018

Contenido

PREFACIO		**20**
PRÓLOGO		**24**
AGRADECIMIENTOS		**27**
Capítulo 1:	**CRISIS DE SENTIDO**	**31**
Capítulo 2:	**VIVIENDO EN UN MUNDO POSMODERNO**	**41**
Capítulo 3:	**GENTILEZA E INTEGRIDAD PERSONAL**	**63**
Capítulo 4:	**INTEGRIDAD Y EL LENGUAJE DE LAS POSIBILIDADES**	**83**
Capítulo 5:	**INTEGRIDAD CON LOS OTROS: EL LENGUAJE DE LA COORDINACIÓN DE ACCIONES**	**103**
Capítulo 6:	**INTEGRIDAD, CONFIANZA E INTIMIDAD**	**113**
Capítulo 7:	**INTEGRIDAD Y CULTURA POLÍTICA**	**129**
Capítulo 8:	**INTEGRIDAD EN LAS EMPRESAS**	**149**
Capítulo 9:	**INTEGRIDAD Y CAMBIO**	**171**
Capítulo 10:	**INTEGRIDAD EN EL AMOR DE PAREJA**	**185**
Capítulo 11:	**INTEGRIDAD, IDENTIDAD Y ESPÍRITU**	**205**
EPÍLOGO		**226**
CONCLUSIÓN		**229**
FUENTES DE CONSULTA		**232**

PREFACIO

Gandhi nos dijo con sabiduría: "Se el cambio que quieres ver en el mundo". Por esa razón no puedo pensar en alguien más calificado para hablar sobre el tema de la integridad que Ana Luisa Escalante Rivero. Si bien, Ana es demasiado humilde para decirlo ella misma, como amiga y colega durante casi 20 años, hoy puedo decirles por qué es tan importante escuchar su voz en este libro.

Ana encarna las cualidades personales y la ética profesional para vivir una vida íntegra. En particular, como Fulbright Scholar y Maestra en Psicoterapia Familiar, en Administración y en Coaching, su voz muestra madurez, una amplia perspectiva que envuelve el mundo de los negocios, la psicología, el liderazgo transformacional y su propia maternidad.

En su trabajo y vida, Ana modela un optimismo valiente, el cual es necesario para crear y sostener a un mejor mundo del que está esperando emerger. Su congruencia verbal y no verbal sobre temas tan importantes, alienta a otros a crear posibilidades para sí mismos y para aquellos a los que sirven.

Aún más importante que sus logros personales y profesionales, es la extraordinaria capacidad de Ana para tener una visión global y encontrar patrones del comportamiento humano que han mantenido firmemente el status quo de la corrupción y la desesperanza dominante en las sociedades modernas. Ella ha logrado combinar ingeniosamente una visión personal y profesional que nos muestra la posibilidad de un futuro más brillante.

Vale la pena unirse a la invitación de leer este libro y hacer una profunda introspección personal querido lector. Hagamos una pausa en nuestras ocupadas vidas para considerar una visión que tanto tu como yo queremos experimentar: vivir y crear una sociedad donde la confianza, la integridad, la justicia social, la sustentabilidad y la realización espiritual sean los valores a los que todos podamos aspirar.

No te desanimes por lo que ves en la política mundial y local, las prácticas comerciales miopes y las normas sociales corruptas. Lo que ves es el pasado y no el futuro. El pasado no determina el futuro.

En el libro de Proverbios, 29:18, se dice: "Donde no hay visión, la gente perece". Esto significa que debemos mantener una visión de nuevas posibilidades para la humanidad. Y a pesar de las tribulaciones que puedan estar a nuestro alrededor, "alégrate" para que el mundo, que hoy ves, pueda superarse.

El futuro está determinado por la forma en que vivimos hoy tu y yo. En este momento estamos siendo llamados a servir como enfermeros de un paciente terminal que es el "pasado insostenible" que está listo para morir; y simultáneamente hemos sido llamados a servir como parteras del nuevo futuro que está esperando nacer.

Podrías preguntarte: "¿Sería posible cambiar los arraigados comportamientos prevalecientes de la cultura en el poder? ¿Cómo podemos abordar los dilemas que nos impulsan a seguir destruyéndonos?

De acuerdo con mi investigación doctoral sobre la incidencia crítica de la transformación, este tipo de cambio requiere tiempo para la reflexión, la introspección profunda y el aprendizaje a nivel emocional. Afortunadamente, tenemos a Ana Escalante como nuestra valiosa guía, y a este libro como un manual que nos indica los paso que podemos seguir.

Lee y sueña con un mundo nuevo. Vive este día como la persona íntegra que eres en tu corazón. Adopta un nuevo lenguaje que genere esperanza y posibilidad a tu alrededor. Sueña. Pongámonos a trabajar y a co-crear el futuro del que nosotros y las futuras generaciones estemos orgullosos.

Paul R. Scheele, Ph.D.
Líder Global sobre temas de Liderazgo Transformacional
Co-fundador del Transformational Leadership Counsel
Autor de mas de 100 programas transformacionales
distribuidos a nivel global
CEO, Scheele Learning Systems y Co-fundador
de Learning Strategies Corporation
www.ScheeleLearning.com

PRÓLOGO

Hoy siento una llamada para vestir con autoridad a la integridad. Un valor que combina la integridad y la gentileza como forma de ser, y que conjunta además una conversación profunda acerca de lo que significa vivir con congruencia, con virtud, con credibilidad, con confianza, con plenitud y a la vez con cariño y en amor profundo.

Parece que hoy hemos perdido el camino al elegir vivir fuera de la integridad. Nos hemos olvidado de ser gentiles los unos con los otros. Hemos privilegiado el dinero, el poder, el beneficio propio, en lugar de valores que han sido tradición en nuestros países latinos: la abundancia, la generosidad, la honradez, la solidaridad, la familia, la creatividad, la conexión espiritual, la alegría de vivir, la paz del hogar cálido, la seguridad de nuestras comunidades, la calidez de una sopita de fideo y la plática de una larga sobremesa.

Hoy prevalece una crisis de confianza en los políticos que quizá se extienda al mundo entero. Observamos que muchos de nuestros representantes faltan a su palabra y deshonran sus acuerdos cotidianamente. Pero no sólo ellos, también nosotros. De algún modo, nos hemos dejado persuadir por las conversaciones que favorecen la riqueza individual sobre el bien común; la dureza por la compasión; la violencia por la paz; el poder y el control sobre la colaboración; la visión de víctima sobre la responsabilidad y la corresponsabilidad; la ambición sobre la generosidad y la insuficiencia sobre la suficiencia.

Como latina y mexicana hoy elijo y me comprometo a iniciar nuevos espacios reflexivos y crear conversaciones que nos conduzcan de nuevo a la congruencia, a nuestra palabra, honrándonos a nosotros mismos y centrándonos de nuevo en lo que significa ser humano, ser gentil, regalando al mundo nuestra latinidad, en toda nuestra belleza, plenitud y poder.

No se trata de establecer posiciones éticas rígidas, sino de invitar a la reflexión. La integridad debe ser gentil porque se trata de una conquista diaria, de un camino plenamente humano lleno de obstáculos, tropiezos y aprendizajes.

Para mí, la integridad es la dignidad que envuelve a una persona y que, con sus palabras y propósitos, congruencia, valentía, compromiso, se conoce a sí misma y honra con cariño la dignidad de los demás.

La integridad y la gentileza son para mí, además de valores importantes, el resultado de la manera en que permanecemos conectados con nuestro propio centro, con nuestras familias, nuestras comunidades y países.

Por eso hoy te agradezco que leas estas líneas y te invito a formar parte de una conversación comprometida que te provoque a vivir una vida enfocada en crear el presente y el futuro que realmente importa: aquel en el que todos y cada uno de nosotros seamos honrados y protegidos por nuestras familias, comunidades y países; aquel en el que también se honre y nutra a la madre tierra.

Esta es una conversación valiente que, a la vez que nos responsabiliza, nos invita a ser humildes y a corregir nuestro camino, entendiendo que la integridad y la gentileza tienen un propósito: la posibilidad de que por fin vivamos en armonía, comunión y plenitud en la tierra.

Mi propuesta puede parecer inocente y tal vez simple. Es la que yo vivo todos los días y la que me permite tener un sentido de legado. Mi voz aspira a tener el amor en el centro, integridad en la palabra, gentileza con todos y el perdón sin excepciones como forma de vida.

AGRADECIMIENTOS

Usa la Gratitud como un manto
y alimentarás cada rincón de tu vida.
Rumi

A lo largo de mi vida he tenido la fortuna de tener una hermosa familia, hermosos amigos y grandes maestros. Mi lista es larga y a pesar de ello sé que faltan aún muchos a los cuales agradecer.

A mi hija Mariana, maestra de dulzura, autenticidad, valentía y amor. A mi hija Diana, maestra del amor, la justicia, la valentía y el compromiso. A su papá Roberto Galnares, amigo incondicional a lo largo de mi vida. Mi madre, María Luisa Rivero y Velasco, quien me enseñó el poder de la palabra, el cariño y el amor incondicional. A mi padre Tarsicio Escalante Arias, de quien apendí el poder de la integridad y la fuerza del liderazgo con cariño. A Betty Escalante, quien me ha acompañado y enseñado el arte de ser hermanas y vivir en familia. A Rober Escalante de quien aprendo la fuerza de la voluntad y el amor en pareja. A José Luis Villanueva, mi Maestro del despertar en el camino espiritual. Al Dr. Paul Scheele, amigo y mentor, quien me develó el poder del inconsciente y la relación con la abundancia. Al Dr. Fernando Flores, por sus enseñanzas y mentoría, quien me mostró el poder de la palabra y la coordinación de acciones. A mi amiga, la Dra. Margarita Tarragona, quien me enseñó acerca de la familia, las mujeres y, sobre todo, la humildad y la congruencia. A Bettie Spruill, amiga, maestra, mentora y socia, quien me ha enseñado la valentía de crear, de transformarse y de creer.

Gracias especiales a la Dra. Rosa María Rivero, mi tía Roche, por tu luz, tu amor y tu presencia y por dedicar largas horas en leer y corregir este libro. Me enseñaste a ser líder, a creer en los sueños y a amar a Jesús.

Agradezco profundamente al Dr. Juan Federico Arriola Cantero por dedicar el tiempo a corregir el capítulo de integridad y cultura política y por su amor a lo largo de tantos años.

Gracias especiales a Clarissa Terán y Luis Enríquez por su hermoso cariño y por hacer posible este proyecto con su diseño y su fotografía. Gracias Leonor Cortina por tus sugerencias, tu compañía en la corrección de estilo de este libro.

Agradezco también a mis compañeros de batalla, muchos de ellos amigos entrañables: Nieves Rión del Olmo, Elizabeth de Beraza Michel, Jorge Arzate Romo, Valentín Hernández Robles, Eduardo Achach Iglesias, Berenice Castañeda Rico, Marco Antonio Zaragoza Flores, Angélica Peralta Díaz, Lucía Moreno Noriega, María Ortega Hernández, Maru Gilbert, Amira Prieto, Lucrecia Villanueva.

A todos los coaches y entrenadores de nuestra academia de coaching Ideal Coaching México y del programa 7 Semillas de Amor y

Abundancia, quienes han creído en mí y en el proyecto de ser amor y abundancia en la tierra: María Elena Álvarez Ortiz, Leticia González Velázquez, Zazil Amaranta Romo Moreno, José Oviedo Rosales, Gabriela Gutiérrez Barrera, Verónica Romo González, María Antonieta Rueda Vázquez, Berenice Castañeda Rico, Betty Heidi I. Fink Flores, Lucrecia Villanueva Struck, Miriam Daniela García Palacios, Any Magally Téllez Rosas, Basilisa Rodríguez Jorge, Catalina Villarreal Alarcón, Claudia Zamora Funes, Elizabeth de Beraza Michel, Enrique Espinosa Lara, Guadalupe Badillo Ponce, Guadalupe Benítez Rojano, Héctor Ricardo Marmolejo Mondragón, Herman Lazcano Barrero, José Ángel Contreras Herrera, Judith Pérez Ariza, Julia Leticia Aguilar Juraidini, Karla Lorena Carrizoza Macías, Leopoldo Casasola Salcedo, Liliana Hernández Molineros, María Magdalena Rodríguez Robles, Mónica Gisela Hernández Alvarez, René López Sánchez, Rossana Peniche Herrasti, Valeria Elisa Mejía Terrazas, Akemi Ninzú Aguirre Rodríguez, Cecilia Margarita López Rosas, Marco Antonio Zaragoza Flores, Enriqueta Silva Ruiz, Laura Marcela Rodríguez Zárate, Columba Peña Jurado, Georgina Márquez Vórrath, Fernando Luis Sandoval Miranda, Francisco Javier Mayorga Platas, Gabriel Castañeda Rico, Guadalupe Badillo Ponce, Francisco Yañez Salinas, Marisabel Maya Diaz, Skarlett Rodríguez Contreras, Adriana Montes de Oca Rea y Victoria Ingrid Zakany Antillón.

A mis amigas Tulumeñas Ivonne Lara, Lucre Villanueva, Amy Jiménez, Marifer Marin, Mónica García, Ana de la Macorra, Itzel Carranza, por nuestras risas, llantos y despertares de más de 30 años juntas.

Agradezco profundamente a Pamela Escalante González, joven estadounidense y mexicana, estudiosa de la cultura y la política y ahora coach certificada, que a sus 22 años contribuyó para completar este proyecto que me ha tomado casi cuatro años. Su coautoría en tres de los capítulos de este libro, 7, 9 y 10 y sus ideas acerca de la identidad y el género y las pláticas deliciosas que tuvimos al respecto fueron muy importantes para mí.

Capítulo 1:

CRISIS DE SENTIDO

*La vida no es una pequeña vela,
es una especie de antorcha espléndida
la cual he sostenido por un momento
y quiero hacer que se ilumine tanto como sea posible
para entregarla a las futuras generaciones.*
George Bernard Shaw[1]

---

[1] Shaw Bernard fue un dramaturgo, crítico y polemista irlandés (1856-1950)
https://hipertextosantoinegerris.wordpress.com/category/george-bernard-shaw/

Eran las ocho de la noche de un viernes. Ese día había resultado difícil a causa de las intensas sesiones de coaching que había llevado a cabo, pero en particular, porque mi hijita se encontraba en casa con fiebre. Mantener la concentración estando mi corazón con ella, había resultado muy estresante. Me preparaba para salir cuando alguien llamó a la puerta. Al abrirla, encontré a un joven, como de unos treinta años, con un traje elegante pero muy arrugado y una marcada expresión de angustia.

—Lo siento mucho, sólo atiendo con una cita previa— le dije, bolsa en mano.

—Me recomendó Maru su amiga. Regáleme solo unos minutos— respondió. La tristeza en sus ojos me impulsó a escucharlo unos minutos con la esperanza de que regresara la luz a esa mirada.

Llamé a casa; mi hija ya estaba mejor. Con la conciencia un poco más tranquila, me dispuse a escuchar la historia del joven, a quien llamaré Ángel, que reflejaba en ciertos aspectos mi propia vida y, tal vez la tuya.

Ángel me relató que llevaba varios meses tratando de sacudirse el hastío que llenaba sus días sin encontrar un motivo concreto a su infelicidad. Describía un conjunto de preocupaciones y sinsabores que, al sumarse, habían construido una muralla a su alrededor en la que hoy se encontraba atrapado. Me pedía que encontrara un culpable; que hallara el origen de esta gran infelicidad.

"Quiero a mi esposa, pero cada día estamos más lejos, como si habláramos diferentes idiomas. Disfruto mi trabajo, pero mis ideas parecen poco relevantes; y, cuando llego a casa y prendo la televisión para olvidar mis problemas, me encuentro con un mundo violento y vacío. Sufro por nuestro futuro; por el mundo que le tocará vivir a nuestros hijos. Los cambios impredecibles me dejan casi siempre con incertidumbre y miedo. A veces no puedo ni tomar decisiones que serían para mi propio bien.

Todo me parece cuesta arriba. Hasta detalles poco importantes como extraviar mi teléfono o hasta el mismo tráfico de la ciudad y la realidad, me causan un nivel de enojo y estrés irracional.

Me duermo cansado, pero con la sensación de que podría haber hecho algo más. Todo en pocos meses. En un suspiro de tiempo, mis relaciones, mi trabajo, mi país y el mundo se han vuelto un caos que no sé cómo ordenar."

Me di cuenta de que Ángel, tú y yo padecemos el mismo mal. Que no son miles, sino millones de personas las que se enfrentan a predicamentos similares todos los días. Él era un joven profesionista que, habiendo realizado una carrera con cierto éxito, hoy tenía un buen trabajo, una esposa, un hijo pequeño y un gran vacío en su corazón.

Entre más escuchaba, más segura estaba de que no lo aquejaba un padecimiento psicológico, sino una problemática propia de nuestra época y de que, la respuesta que encontrara sería válida no solo para él, sino para los miles que han perdido la capacidad de vivir con plenitud. Era afortunado. No padecía depresión. Sin embargo, muchos otros se encuentran viviendo con depresión y desesperanza.

Las cifras de la depresión

350 millones de personas en el mundo viven con depresión clínica, ya sea por circunstancias difíciles, inestabilidad económica o familiar, falta de amor, comunidad o sentido de estabilidad —y éstos son solo números que se basan en los que han buscado tratamiento. (World Health Organization, 2018)

La depresión puede causar un profundo sufrimiento personal y alterar completamente los niveles de funcionamiento robando por completo la alegría de vivir.

Sabemos que con todos los avances en el campo de la terapia, con un tratamiento adecuado, apoyo psicológico y, en algunos casos, con medicamentos, las personas que viven con depresión pueden llevar una vida plena y salir de ella.

No obstante, en todo el mundo, 800,000 personas pierden la vida por suicidio cada año. En el grupo de edad entre 15 y 29 años, esta estadística es particularmente alta, ya que es la segunda forma de muerte más común, y más en las comunidades de bajos recursos socioeconómicos. (World Health Organization, 2018)

¿Qué nos está sucediendo?

La verdadera pregunta es: ¿Qué está sucediendo en el mundo que 350 millones de personas se encuentran deprimidas y muchas más se encuentran estresadas y automatizadas, sin ganas ni alegría de vivir?

Ángel aún tenía mucha energía, dormía y comía a sus horas y no pensaba en terminar su vida. Definitivamente no estaba clínicamente deprimido. Sin embargo, lo que él experimentaba era más bien una especie de cansancio existencial, una falta de sentido, una crisis de identidad. ¿Quién soy? ¿A dónde voy? ¿Qué quiero realmente? ¿Es posible vivir de otra manera?

Víctor Frankl llamó "depresión noógena" o espiritual a aquella que es producida por una falta de sentido de vida (Frankl, 1946) que hoy es cada vez más relevante.

Como veremos a lo largo de este libro, la depresión, la ansiedad, el estrés y muchos de los malestares que vivimos en el mundo de hoy pueden encontrar solución en la reflexión y la vivencia de la integridad que nos invita a volver a nuestras raíces y a encontrar un nuevo sentido de esperanza.

¿Qué es la integridad?

Si evocas la imagen de una persona íntegra, seguramente la imaginarás honesta, verdadera a sí misma, compasiva, justa, consciente.

Cada uno de estos conceptos tiene un significado diferente. La honestidad se refiere a la valentía de decir la verdad; la justicia, a la inclinación a actuar conforme a la verdad; y a la integridad como el cumplimiento de la palabra otorgada. Sin embargo, considero que, si tomamos la integridad en toda su amplitud —lo que descubrirás a lo largo de este libro— podemos descubrir que la palabra integridad —que deriva del adjetivo integer que significa completo—, se compone del vocablo *in*, que significa "no", y otro término de la misma raíz del verbo *tangere,* que significa "tocar o alcanzar". Por lo tanto, la integridad es lo no tocado por el mal o un daño ya sea físico o moral; es decir lo que está completo y sin rupturas.

El estado de estar completo en su mayor profundidad significa mucho más que el cumplimiento de la palabra contigo mismo y con los demás. Es un camino para crear relaciones confiadas, sólidas, empresas conscientes, sociedades felices y conexión profunda con tu dimensión espiritual.

Entonces, ¿Qué nos permite ser íntegros, gentiles y completos? ¿Qué es aquello que nos impulsa a ser la mejor versión de nosotros mismos? Para mí, sin duda, es esa voz profunda e interna que se le ha llamado "la conciencia" y que es ese "observador" que tantas veces nos apunta hacia la decisión más acertada y nos señala la posibilidad de que nuestra integridad se encuentre o no en riesgo.

Tal vez sea esa voz la que nos permita volvernos realmente humanos, como Pinocho, ese hermoso muñeco de madera que protagoniza la novela de Carlo Collodi y cuya historia te resumo brevemente. (Collodi, 1917)

> Había una vez un juguetero solitario llamado Geppetto. Un día Geppetto construyó una marioneta de madera a la que nombró Pinocho. Al contemplar lo que había creado, deseó con todas sus fuerzas que Pinocho fuera un niño de verdad. El Hada Azul lo escuchó e hizo realidad su deseo dando vida a la marioneta, pero conservando su cuerpo de madera. El hada asignó a Pepe Grillo para que fuera la conciencia de Pinocho, para que lo alejara de los problemas y lo aconsejara en situaciones difíciles. La historia recorre diferentes situaciones en las que Pinocho no escucha a Pepe Grillo, lo que lo conduce a una serie de problemas. Cada vez que Pinocho miente, ignorando los sabios consejos del insecto, ¡le crece la nariz! Finalmente, el niño se arrepiente y regresa con su padre Geppetto, quien le salva la vida poniendo la suya propia en riesgo. La generosidad de este acto logra que el Hada Azul recompense a Pinocho, convirtiéndolo en un niño de verdad.

No encuentro mejores palabras que las del Dr. José María Molina, Catedrático de la Universidad de Sevilla (Molina, 2013), para explicarte la relevancia de la historia de Pinocho hoy en día:

> "El ideal del hombre contemporáneo parece asemejarse al muñeco creado por Geppetto, una marioneta que, incapaz de ver los hilos que la manejan, se cree autónoma, libre y feliz. Y cuando le parece oír una tímida vocecilla que le avisa de su error, enseguida la ahoga con una retahíla de evidencias creadas por su orgullo. Poco a poco su silencio va adquiriendo ecos mortuorios hasta que la entierra en la fosa negra del olvido. Entonces, lo que se esconde tras la madera pulida y perfectamente barnizada de nuestro Pinocho no es otra cosa que madera y nada más. Una vez que se ha deshecho de Pepito Grillo, al muñeco de madera muerta ni tan siquiera podrá crecerle la nariz." (Molina, 2013)

La desconexión y el sufrimiento que produce el adormecimiento de la consciencia, en él, en mí, en ti y en todos los que padecemos los retos de la vida moderna, se produce al traicionar, ignorar e incluso desconocer los llamados profundos de nuestro espíritu. Nos crece la nariz y ya no nos importa. A casi nadie le importa. Ésto nos transforma gradualmente en seres inanimados, desarticulados cual marionetas, insensibles: pura materia.

Despertemos pues nuestra consciencia. Démosle voz, dejemos que nos grite aquello que hemos tratado de acallar. Este será el inicio para volvernos de carne y hueso. Para recuperar nuestra humanidad en su más amplia dimensión. No esperes a que venga el Hada Azul a salvarte. Tú ya fuiste creado de carne y hueso. Solo necesitas despertarte y saber que la incesante voz de tu consciencia no es un amigo molesto o un castigo, sino, más bien, un amigo y un guía gentil de tu camino al despertar.

Capítulo 2:

VIVIENDO EN UN MUNDO POSMODERNO

Lo sabe todo, absolutamente todo.
Figúrense lo tonto que será.
Miguel de Unamuno [2]

---

[2] Miguel de Unamuno y Jugo fue un escritor y filósofo español perteneciente a la generación del 98. En su obra cultivó gran variedad de géneros literarios como novela, ensayo, teatro y poesía. (1864 -1936)

Me voy a permitir recorrer contigo una aventura. En este capítulo exploraremos algunos de los dilemas de la vida contemporánea comparando la filosofía moderna y posmoderna. He encontrado mucha utilidad para entender un poco más por qué vivimos de la forma en que lo hacemos hoy en día. Juega conmigo por unos momentos a ser filósofo y a explorar algunos dilemas del mundo actual.

El Mundo Moderno

El mundo moderno, desde el punto de vista filosófico, no es el mundo actual, sino que representa la filosofía, el arte y la ciencia del siglo XIX y hasta mediados del siglo XX, que estaban enfocadas en el progreso, la innovación y la verdad objetiva.

Los "modernistas" planteaban que existía una manera de vivir adecuada y tradiciones que eran importantes recordar y cumplir. Para entender mejor este concepto, recuerda la forma en que vivían tal vez tus abuelos y tus padres. La "modernidad" representaba un ideal al que todo ser humano debía aspirar. Una casa, un coche, una familia integrada por padre, madre e hijos; las mujeres y los hombres con roles de género fijos y predeterminados. Trabajar en una buena empresa hasta jubilarse era la aspiración de la mayoría que buscaba seguridad laboral. La ciencia era la forma más valorada para conocer y progresar. La religión organizada era la que normaba el comportamiento y era la poseedora de la autoridad moral y espiritual de la mayoría.

La época del modernismo creó estabilidad, la sensación de seguridad para muchos, progreso económico, científico y social. Sin embargo, esta época también produjo muchos efectos sociales y políticos adversos como la exclusión de quienes eran diferentes, guerras religiosas, el capitalismo y el comunismo radicales, dos guerras mundiales, la casi destrucción de la tierra por la Guerra fría, el armamentismo y la prevalencia del más fuerte, entre otros.

El Mundo Contemporáneo

Como una reacción ante los efectos sociales adversos del modernismo, hace aproximadamente 60 años, surgió con fuerza como una oposición y crítica un movimiento filosófico y artístico llamado el posmodernismo (Lyotard, 1987).

Yo soy posmodernista en mi pensamiento filosófico y es probable que tú también lo seas. Para descubrir esta postura filosófica nos aventuraremos a explorar cuatro dilemas que enfrentamos al vivir en el mundo que lucha entre el pensamiento moderno y posmoderno.

Primer Dilema: La Super-Velocidad

Dale un momento a tu alma para que te alcance.
Proverbio Africano

En el mundo contemporáneo, la innovación, el confort y las posibilidades son casi ilimitadas. La ciencia transformada en tecnología ha cambiado la velocidad con la que vivimos. No se trata de algo lejano sino un fenómeno profundamente personal.

Tienes a tu alcance herramientas de comunicación que rebasan los límites del tiempo y el espacio, que han borrado las fronteras del mundo y cuyos verdaderos alcances aún están por descubrirse.

Para muchos, es cosa de todos los días realizar reuniones de trabajo con personas que se encuentran en lugares remotos. Nos parece natural obtener respuestas inmediatas a las preguntas que tenemos; poder crear, jugar y crecer junto a una comunidad mundial y dialogar con personas de otros países en forma gratuita e instantánea.

La tecnología te permite experimentar en un día lo que antes vivías en cinco. Probablemente te sientas sumamente eficaz y feliz por realizar, en cuestión de horas, resultados que apenas hace treinta años te hubieran tomado meses o años.

Si anteriormente podías tener expectativas relativamente estables respecto a tu vida, ahora nada está escrito. Sabes que tienes que moverte rápido para alcanzar las miles de oportunidades que están allá afuera antes de que éstas cambien o desaparezcan.

Es por ello que, tal vez duermas poco, comas rápido, hables con decenas o tal vez cientos de personas en un solo día y vayas y vengas a toda velocidad en coche, en avión o en lo que se pueda. El regalo de la super-velocidad del siglo XXI, te ha traído no solo bendiciones, sino también unas cuantas paradojas, entre ellas:

- **La velocidad de la comunicación puede producirte incomunicación.** Estar tan rápidamente comunicado puede producir que no te comuniques en absoluto: confusiones, fallas en la coordinación, malentendidos.

- **La velocidad de la información puede producirte desinformación.** La cantidad y velocidad en la que se produce la información puede llegar a saturarte y tal vez terminar el día confundido y desinformado de lo que realmente importa.

- **La velocidad del contacto con todos puede producirte falta de intimidad** con los pocos que realmente te importan, entre ellos tú mismo.

- **La velocidad de los cambios puede producirte que nada cambie en tu vida.** Por momentos puedes observarte queriendo cambiar todo pero a la vez luchando para que nada cambie. Lidiar con la incertidumbre puede ser difícil e incómodo.

Es por ello que, en los siguientes capítulos exploraremos algunas ideas para desarrollar un nuevo sentido común que te permita:

- Vivir en plenitud en un mundo envuelto en el cambio acelerado y la incertidumbre.

- Aprender a adaptarte rápidamente y a comunicarte de forma efectiva y profunda.

- Coordinar tus acciones de manera ágil y efectiva.

- Crear equipos y relaciones de alta confianza tanto en la vida personal como en la laboral.

- Reaprender a ser vulnerable e íntimo con las personas importantes de tu vida.

- Pausar el tiempo para conversar, conectarte y profundizar.

- Disfrutar de tu vida estando presente contigo mismo y con los demás.

Segundo Dilema: La Verdad

La Verdad es una Antorcha que luce entre la niebla, sin disiparla.
Claude Adrien Helvétius[3]

Iniciaré haciéndote una de las principales preguntas que estudian los filósofos desde hace varios siglos:

¿Es posible conocer la verdad?

Unos opinan que obviamente sí; otros que definitivamente no; y algunos más radicales opinan que la verdad no existe. ¿Cuál es tu postura a este respecto?

Los posmodernistas postulamos que sólo podemos conocer la realidad a través de las interpretaciones que hacemos, dentro de la estructura del lenguaje en el que pensamos; es decir, el conjunto de ideas que forman el pensamiento determina la forma desde la cual se interpretará el mundo (Alicea, 2009).

Tal vez ¡tú mismo seas un posmodernista y no te hayas dado cuenta!

Si tú crees que sólo puedes conocer el pedacito de verdad que te permiten tus sentidos, tus ideas y tu historia; si piensas que la verdad aparecerá frente a ti cada vez más clara en la medida que

---

[3] Claude-Adrien Helvétius fue un reconocido filósofo francés cuyo verdadero nombre fue Claudio Adrián Schweitzer. Sus principales obras son De l'Esprit (Del espíritu, 1758), que fue condenada por el Parlamento de París, la Sorbona y el clero, además fué quemado públicamente en París, (1715-1771) https://proverbia.net

incorporas distintas perspectivas que completan poco a poco aquello que has creído de la realidad... entonces ¡eres un posmodernista incipiente! Y probablemente reconozcas con humildad lo poco que sabes sobre la realidad.[4]

Las neurociencias, la biología, la física cuántica y otras ciencias exactas han reconocido que podemos solamente interpretar la realidad a través de nuestro cerebro, cuya estructura principal está basada en el lenguaje.

El cerebro, es una máquina biológica exquisita, que tiene como función interpretar la realidad para tomar las decisiones que te permitan orientarte y sobrevivir.

Este órgano magnífico te apoya a conocer la realidad a través de tus sentidos externos e internos. No tiene otro remedio. Depende de la vista, el oído, el olfato, el tacto y el gusto. Y también depende de la estructura del conocimiento que ha formado la cultura donde naciste, tu historia, género, edad, estructura mental, memoria, estado de ánimo, estado de tu cuerpo físico y tu imaginación.

Para conseguir una mayor exactitud en la representación del mundo, tu cerebro debe proveerte de la mayor cantidad de información posible, por lo que recibe y procesa la increíble cantidad de 11 millones de bits[5] de información por segundo (Di Salvo, 2002).

Esta información debe de ser organizada e interpretada, de lo contrario tendrías una serie de datos inútiles y sin sentido. Para ello tu cerebro debe de eliminar, generalizar y distorsionar la

---

[4]Bettie Spruill, Fundadora de Ideal Coaching Global. Programa de Certificación Coaching for Excellence y Conversaciones Personales. 2017

[5]Mientras que en el sistema de numeración decimal se usan diez dígitos (diez símbolos), en el binario se usan solo dos dígitos, el 0 y el 1. Un bit o dígito binario puede representar uno de esos dos valores: 0 o 1.

realidad, para que al final solamente pasen a tu consciente unos 4 bits de información por segundo, es decir, ¡menos del 1% de la información que recibe!

Al hacer esto, tu cerebro depura y da sentido a los datos relevantes. Los almacena, los organiza y los integra en la estructura de tu lenguaje, dando sentido a las experiencias de tu vida. Sin embargo, este proceso extraordinario no está libre de errores. El mapa (tu estructura mental) no es el territorio (la realidad) decía Gregory Bateson. Este se ha convertido en un principio básico de la neurolingüística. La realidad es mucho más bella y más compleja que todo lo que decimos acerca de ella.

Tal vez has oído la frase "Lo que crees, lo creas". Esto significa que la realidad es interpretada por la estructura de tu lenguaje (lo que crees) y el lenguaje, a su vez, da forma a tu realidad (lo que creas). Entonces, la frase anterior no es solamente una metáfora, sino que es literalmente cierta.

No existe ningún pensamiento sin lenguaje por lo que tu lenguaje crea exactamente la realidad que percibes. Te voy a poner un ejemplo: Se ha dicho mucho que los esquimales tienen cincuenta formas para nombrar a la "nieve", esto se produce porque "cuando ves nieve por todas partes todos los días y a todas horas, acabarás apreciando diferencias sustanciales en sus copos. Un día será más espesa, otro menos densa y otro incluso de aspecto aterciopelado. (Ferrer, A.) ¿Cómo no bautizar a todas ellas si de ello depende tu supervivencia?".

Para conocer mejor la realidad hemos inventado instrumentos y metodologías que utilizan la ciencia y la tecnología. Sin embargo, y a pesar de todos los esfuerzos objetivos para conocer la realidad, nos encontramos sabiendo que al final, todo conocimiento deberá ser interpretado por alguien. En este sentido, todo conocimiento será siempre subjetivo por lo que nunca seremos poseedores de la verdad absoluta, sino co-creadores de la misma.

Así nos encontramos dentro de una cultura, que es el cúmulo de interpretaciones colectivas que se construyen dentro de un proceso comunitario en el que, a través del lenguaje, vamos dando a luz una realidad conjunta dentro de una comunidad, un país, y hasta en el mundo global.

Las interpretaciones colectivas han producido frutos mixtos. Algunas interpretaciones han generado logros admirables en la humanidad como la declaración de los derechos humanos, la equidad de género, etc. Pero la historia también nos indica las múltiples formas en que las creencias colectivas han creado sufrimiento, injusticia y muerte: la inquisición, el genocidio, las guerras mundiales, por nombrar algunos.

Así puedes notar que un mismo hecho puede ser interpretado de formas distintas dependiendo de las creencias e interpretaciones del momento histórico y de la cultura y hasta de la familia que se trate. Un ejemplo de ello es la quema de brujas que se dio en Europa entre los años de 1300 y 1850, en la que mandaron a la hoguera a más de 100,000 mujeres con habilidades curativas o a aquellas que se rehusaban a ser abusadas. Pero ahora en el siglo XXI, a las mismas mujeres las llaman sanadoras, médicos, científicas y luchadoras sociales.

Una nueva humildad aparece frente a ti cuando aceptas que no eres poseedor de la verdad absoluta y que no existe el conocimiento "sin ti". Esta realidad puede invitarte a permanecer más abierto que nunca al conocer, pero también puede dejarte con una sensación de desamparo y con una serie de preguntas sin resolver:

¿Puedo percibir la realidad?

¿Cómo sé que aquello en lo que creo es verdad?

¿A quién le doy autoridad de enseñarme
a encontrar la verdad?

Contestar estas preguntas no sólo es difícil sino imposible si sólo utilizas la razón y la lógica. Por ello te invito a que te permitas abrir y utilizar todas tu inteligencias -interpersonal, intrapersonal, espacial, quinestésica, verbal, lógico-matemática, musical, naturalista y espiritual- para irte respondiendo a estas preguntas a lo largo de nuestro libro.

A veces el cinismo, el *"valemadrismo"*, las drogas y las nuevas adicciones a la tecnología, al celular, a la televisión pueden invitarte a no hacer este trabajo, y no sentir la incertidumbre y la confusión de caminar en este mundo de información, de posiciones, de verdades.

Pero también sabes que el camino del autoconocimiento es imprescindible. Sabes que ya has encontrado algunas respuestas. Ya has sentido la conexión que produce el diálogo profundo, en el que gentilmente has compartido tus puntos de vista e inventado nuevos significados y nuevas posibilidades con aquellos que amas y que realmente te importan.

Tal vez has encontrado ya una dimensión adicional, tu propia conexión espiritual, en la que sabes que el regreso a casa, el regreso a tu paz proviene también de mirarte desde un lugar más profundo, donde creas el misterio de tus significados, y en el que, de alguna manera, logras abrazar tu pequeñez y a la vez tu increíble sabiduría.

Tercer Dilema: La Identidad
No me Preguntes quien soy.

Ni me pidas que siga siendo el mismo.
Michael Foucault[6]

---

[6]Michel Foucault fue un psicólogo, filósofo e historiador francés con enorme influencia en la psiquiatría y en la sexualidad humana. (1926-1984) https://www.muyhistoria.es/contemporanea/articulo/10-frases-celebres-de-michel-foucault-241403702681

La identidad es la forma en la que te defines a ti mismo como un "yo". La palabra identidad proviene del latín *identitas* y ésta de la raíz *ídem*, que significa "lo mismo". En este sentido, identidad es lo que se parece a sí mismo. Son los rasgos, atributos o características propias de una persona o inclusive de un grupo, que logra diferenciarse de los demás.

Hace unas décadas, la mayoría de las personas del mundo occidental tenían claro quiénes eran y qué lugar ocupaban en la comunidad. En el mundo posmoderno, la afirmación de YO SOY... seguida por una afirmación religiosa, política o profesional que se siente cada vez más imprecisa. Inclusive es probable que, como muchos, te observes viviendo con una identidad que puede contradecirse en más de una forma.

La astronomía puede dejarnos aún más perplejos. Para los estudiosos del universo, somos un breve segundo cósmico de espacio y de tiempo. Desde la astronomía la descripción de tu identidad sonaría así:

> Eres un instante de luz consciente que vive dentro de un sistema solar enorme, que forma parte un sistema de 100,000 a 400,000 millones de estrellas, dentro de una galaxia inmensa, que llamamos Vía Láctea, que forma parte de un sistema de 1 a 2 billones de galaxias con 700 cuatrillones de estrellas llamadas Universo, que tiene 13,700 millones de años, que forma parte de un sistema de multiversos apenas descubierto en el 2013.[7] (Chaparro, 2015) (Zavia, 2016)

Entonces ¿quiénes somos en realidad? ¿polvo de estrellas? ¿microsegundo cósmico? Tal vez seamos todo esto, y mucho más. El mundo contemporáneo nos muestra que no es posible tener un sentido de identidad absoluto ni a nivel individual ni a nivel comunitario. Y es que tu identidad:

- No es fija: no eres una cosa.

- Es fluida: eres una persona en movimiento creando significados.

- Es finita: eres alguien para alguien en un lugar y tiempo específicos.

- Es sistémica: eres dentro de las relaciones en las que te encuentras.

Adicionalmente, tu identidad se construye en forma bidireccional (de ida y vuelta) y circular. Y es que, por un lado, tu identidad se va formando por el conjunto de las percepciones que tienes sobre ti mismo, y por el otro, se va creando por las múltiples percepciones que las comunidades a las que perteneces van teniendo sobre ti. Y así tu identidad privada y pública se transforman y se mueven en una danza sin fin.

Más allá de tus círculos cercanos, tu identidad comunitaria te provee de poder o capacidad de crear a nivel individual, social, ideológico, político y económico. Al aparecer el fenómeno del marketing y de las redes sociales, tu identidad pública se hace móvil, creando un juego de imágenes personales y grupales.

Pero luego estas tú, en tu identidad privada, que se forma con los juicios y percepciones que dices sobre ti mismo. El género, los valores, la estructura de personalidad se muestran en la vida privada ya sea con los amigos o con la familia.

La inmensidad del cosmos, las diferentes comunidades a las que perteneces y el complejo sentido que hoy tienes de ti mismo, te invitan a ampliar tu sentido de identidad.

---

[7] http://www.dailymail.co.uk/sciencetech/article-2326869/Is-universe-merely-billions-Evidence-existence-multiverse-revealed-time-cosmic-map.html

En el fondo, tú eres un milagro de la evolución del universo pues eres:

El que se da cuenta que se da cuenta.

Por eso hoy te invito a aceptar la responsabilidad de tu verdadera identidad ya que: para el cosmos, la historia de tu vida es un suspiro pero para ti, es todo lo que tienes.

Cuarto Dilema: La Comunidad

Ahora entiendo que mi bienestar sólo es posible si reconozco mi unidad con todos los pueblos del mundo sin excepción.
León Tolstói[8]

Si la identidad se construye no sólo a nivel individual sino comunitario, es importante que exploremos los cambios que ha tenido la definición de comunidad desde el mundo moderno al contemporáneo y el papel que juega la comunidad en tu vida.

De las pequeñas tribus al mundo global, el hombre ha tenido la necesidad de pertenecer. Es cuestión de supervivencia. No podemos vivir solos. Existimos en base a una comunidad que nos protege, nos acoge y que incluso, nos puede llegar a destruir.

El individualismo nacido en la ilustración enfatizó los derechos de las personas como individuos autónomos, con capacidad de construir su propia historia privilegiando los valores de la igualdad, la libertad y el desarrollo del bienestar económico.

---

[8] Lev Nikoláievich Tolstói, también conocido en español como León Tolstói, fue un novelista ruso, considerado uno de los escritores más importantes de la literatura mundial. (1828–1910)

Más de 300 años de historia de individualismo han sostenido el florecimiento de la democracia, la ciencia, el capitalismo, la tecnología, los derechos humanos etc., demostrando su utilidad para el desarrollo de la humanidad.

Sin embargo, los efectos secundarios de un individualismo extremo han sido severos. Se han producido guerras mundiales, dictaduras, genocidios, extinción masiva de especies, desequilibrios ecológicos, gobernantes corruptos, carteles de drogas, abusos de poder, por mencionar algunos ejemplos. Y en lo más pequeño guerras personales, familiares, de amistades, comunitarias, etc.

La miopía del individualismo frente al bien común produce una falla de conciliar los intereses personales con las necesidades de los otros. (Marcel, 2005).

Me permito citarte al filósofo Zygmunt Bauman que expresa en lenguaje filosófico-social el cambio en el que nos encontramos.

> "La modernidad líquida –como categoría sociológica– es una figura del cambio y de la transitoriedad, de la desregulación y la liberación de los mercados. La metáfora de la liquidez intenta dar cuenta de la precariedad de los vínculos humanos en una sociedad individualista y privatizada, marcada por el carácter transitorio y volátil de las relaciones. El amor se hace flotante, su responsabilidad hacia el otro se reduce al vínculo sin rostro que ofrece Internet. Surfeamos en las olas de una sociedad líquida siempre cambiante -incierta- y cada vez más imprevisible, es la decadencia del estado de bienestar. La modernidad líquida es un tiempo sin certezas, donde los hombres que lucharon durante la ilustración por poder obtener libertades civiles y deshacerse de la tradición, se encuentran ahora con la obligación de ser libres asumiendo los miedos y angustias existenciales que tal libertad comporta; la cultura laboral de la flexibilidad arruina la previsión del futuro." (Bauman, Z 2008)

El posmodernismo cuestiona radicalmente la idea del individualismo extremo y propone el renacimiento de la comunidad, de la "tribu" que privilegia tanto los derechos individuales como la relación con el "otro".

El renacimiento del "nosotros", basado en el compromiso y la palabra se vuelve más urgente que nunca. Sin embargo, representa un reto. ¿Cómo conciliar los intereses individuales con los comunitarios?

Hoy las crisis ecológicas y sociales del mundo contemporáneo nos invitan a repensar si es posible vivir con tranquilidad, seguridad y visión de futuro sin ser sostenidos y acompañados por la familia, la comunidad o incluso por la madre tierra tal como la conocemos.

Nuestro futuro está en juego y hoy más que nunca, el valor del interés individual puede ser complementado por otros valores como la ecología, el respeto, la equidad, la inclusión, la tolerancia y el bienestar común.

En una comunidad ecológica, equitativa e incluyente, las preguntas sobre la identidad individual son ampliadas hacia el compromiso con el otro.

¿Para qué soy?

¿para quién soy?

¿quién estoy siendo en mi comunidad?

¿con qué/quién quiero comprometerme?

¿quién requiero ser yo, para vivir la vida congruente con mi propósito?

Responder estas preguntas con integridad y gentileza tal vez nos muestren un camino de regreso a nuestro propio sentido de vida, en donde nuestra imagen sea menos relevante que nuestro propósito.

Quinto Dilema: La Ética

> *La ética no es más que el intento racional*
> *de averiguar cómo vivir mejor.*
> *Fernando Savater*[9]

Como sabes, la ética es la rama de la filosofía que estudia el bien y el mal y su relación con el comportamiento de las personas.

En el mundo contemporáneo hemos buscado respuestas que se apartan del dualismo ético, base del pensamiento moderno en el que se confrontan las conductas en dos polos: bueno-malo, hombre-mujer, rico-pobre, guerra-paz, negros-blancos.

Desde el siglo XIX hasta el XX, el individualismo consolidó un tipo de modernidad donde la superioridad de unos sobre otros basado en el dualismo ético se puso al servicio de la voluntad de poder, acelerando el proceso de industrialización, hasta configurar la clase de modernidad que ahora, después de Auschwitz, Hiroshima, el Goulag, y muchas otras situaciones de abuso del poder, se encuentra en un atolladero. Tan solo en el siglo XX se produjeron 134 guerras incluyendo dos guerras mundiales.[10]

Desde entonces, es difícil seguir creyendo que el progreso del conocimiento científico será la panacea que mejorará la calidad moral del ser humano y nos hará capaces de vivir en paz. Es difícil creer en una ética única que resuelva todos los males de la humanidad. Estas circunstancias han dado nuevas alas a la

---

[9] Fernando Savater es un filósofo e intelectual español. Novelista y autor dramático, destaca en el campo del ensayo y el artículo periodístico. (1947)

contra-modernidad, y con ellas se inició el vuelo del posmodernismo." (Pinillos Díaz, 1995)

En el siglo XXI se contempla la vida desde una perspectiva de pluralidad y diversidad que considera un poco más los intereses de "los otros", de quienes fueron marginados por los sistemas rígidos del modernismo, abrazando conceptos como la inclusión, el derecho a la diversidad sexual, la igualdad de género, los derechos humanos, las posiciones políticas mixtas, la capacidad de acoger diversos puntos de vista y de reconocernos como poseedores de verdades parciales y cuestionadores de la autoridad política y religiosa.

La crítica posmoderna comienza a evaluar que, lo que puede ser ético dentro de un contexto puede no serlo en otro. Se escuchan comúnmente enunciados como, "este comportamiento es razonable desde cierto punto de vista", "lo que esta persona hizo es moralmente adecuado en esta circunstancia". Las acciones pueden ser correctas en un sentido y equivocadas en otro.

El dilema que esto plantea es ¿qué acción debería medirse conforme a qué criterio? Y si se aplican diversos criterios, ¿cuál deberá tener prioridad?".

La "agenda moral" de nuestros días abarca un amplio espectro de temas que reflejan la complejidad de la vida cotidiana, tales como los conflictos que surgen a partir de nuevas relaciones de pareja, sexualidad y relaciones familiares, en muchos casos abiertas y sin validación institucional, flexibles y a la vez frágiles (Bauman, 2009).

Tal vez tú mismo hayas participado en marchas y organizaciones que son portavoz de la necesidad de cambios en las leyes para reconocer los derechos de la mujer, de las personas que vi-

---

[10] https://es.wikipedia.org/wiki/Anexo:Conflictos_b%C3%A9licos_del_siglo_XX

ven con VIH/SIDA, de la diversidad sexual, de la promoción de la responsabilidad social empresarial, el derecho a la diversidad y la denuncia de abusos de poder de todo tipo.

Los que creen en una ética dualista acusan a la ética posmoderna de crear una moral relativista y confusa. Pareciera que todo se vale en el mundo contemporáneo. Pero esto no es así. Lo que realmente sucede es que las respuestas no son blancas ni negras. La diversidad de contextos y circunstancias nos hacen repensar y no dar respuestas fáciles ante problemas complejos.

Sin embargo, desde el cambio de siglo, han resurgido fuertes movimientos políticos tanto de derecha como de izquierda radicales en todo el mundo que plantean discursos con una ética dualista y polarizada, como el representado por el presidente de los Estados Unidos Donald Trump, Vladimir Putin de Rusia, Jail Bolsonaro de Brasil, y los seguidores de la ética dualista radical en todo el mundo, que pretenden regresar a clasificar al mundo entre buenos (blancos, ricos, capitalistas, conservadores y güeros) y los malos (mexicanos, coreanos, afroamericanos, inmigrantes de todo tipo, queers, indígenas, morenos).

Lo curioso es que nuestro actual presidente mexicano, López Obrador, proveniente de un movimiento de izquierda, expresa un discurso muy parecido, en el que los buenos son los pobres e incorruptos y los malos los ricos y fifís, todos ellos corruptos.

Esto no nos lleva a ningún lado. La fantasía de estabilidad y prosperidad que vende a quienes lo siguen les ha hecho casi olvidar que este pensamiento produjo catástrofes sociales en el siglo XX, cientos de guerras, incluyendo dos guerras mundiales en las que murieron más de 100 millones de seres humanos a causa del poder desmedido, ideologías extremas y falta total de sabiduría y reconocimiento del otro (Tolle E.).

El posmodernismo, por su parte, es un intento de ver el mundo y la vida en él, que acepta la ambigüedad, que se resiste a ponerse el uniforme de lo universal honrando también el fenómeno y la belleza de lo excepcional y lo particular; que rechaza las grandes narrativas que cohíben la diversidad de pensamiento; que denuncia al progreso industrial sin ecología; que cree en la utilidad del diálogo y en las rupturas naturales, y que vive cómodo en los fragmentos que resultan de ellas; y que en última instancia, no quiere que la diversidad de las culturas perezca bajo la hegemonía de una civilización unificada.

No existen más las respuestas fáciles sobre lo ético. Pudiéramos recurrir como guía a reglas antiguas como la ética budista del ahimsa (no ocasionar daño) y el Camino medio (moderación, no reprimir ni tampoco aferrarse a nada); o a los 10 mandamientos o la Ley del Talión. O tal vez la respuesta se encuentre en saber cuándo y cómo balancear al bien individual y al bien común; o tal vez el seguir y aplicar los derechos humanos en los países y los constitucionales en las naciones en particular; o tal vez lo ético pueda basarse en respetar lo que acordamos entre dos o más respetando los derechos de los demás, incluyendo los animales y la salud del ecosistema. He aquí el planteamiento de este libro que se basa en la gentileza y la integridad como una propuesta moral para el mundo contemporáneo.

Según Edith Wyschogrod, profesora de filosofía en el Queens College de la Universidad de la Ciudad de Nueva York, el pensamiento posmoderno no tiene por qué ser visto como una antítesis de la ética. Propone establecer la moralidad como punto de partida. Ella plantea que "lo moral" es el espacio que se crea en el encuentro de "los santos" o los morales con "el otro".

Se trata de un espacio que no proviene de principios generales, como sucedía en la modernidad, ya que el encuentro entre el yo y el otro es siempre un evento particular, que no deriva de una ley general. Afirma que el mundo de hoy ha secuestrado la libertad, la justicia y la realidad. En una situación así, dice la autora, "la ética no puede buscar su fundamento en los grandes relatos de las congojas de la tierra, sino que ha de acudir a una narración entre dos". (Pinillos Díaz, 1995)

La Integridad puede ser una antorcha que alumbre el complejo camino del comportamiento moral del mundo actual.

Ésto es lo que sé. Cuando el ser humano se encuentra conectado con otro desde la paz, es difícil que lastime a otro. Si la integridad, la gentileza y el respeto están presentes entre dos o más, la conducta tiende a volverse moral.

Pero esto sólo puede ocurrir si los seres que interactúan han conquistado cierto estado de integridad y gentileza, si han podido conectarse consigo mismos desde el amor por sí mismo y por el otro. Las tablas de la Ley judaicas afirman en uno de sus 10 mandamientos: "Amarás a Dios sobre todas las cosas". Y el maestro Jesús añade "y a tu prójimo como a ti mismo".

Desde esta perspectiva, la conducta ética es la del que ama. La de aquel ser "moral" que desea el bien, que hace crecer, que le importa, que no impone sino escucha, explora, consensa, difiere y respeta... es decir, se ama a sí mismo y ama al otro en la misma medida.

**Ya lo decía San Agustín en sus confesiones:
¡Ama y haz lo que quieras!**

Capítulo 3:

GENTILEZA E INTEGRIDAD PERSONAL

Voces por todos lados.
De los mercados y las personas que venden sus productos.
De autos y bocinazos.
De personas y opiniones.
Diciendo quién ser o no ser.
De las redes sociales, fantasías destellan en tu cara.
Los filtros perfectos ocultan los defectos,
robándote a ti de ti.
Pero la voz en mi cabeza me dice constantemente,
repetidamente: ¡Sé tú mismo/a!
¡Ya todos los demás han sido atrapados!
Damilola Onafuwa[II]

[II] Líder africano miembro del proyecto Akoma

Imagínate vivir gentilmente siendo UNO contigo mismo. Esta frase no es un pleonasmo sino una invitación a imaginarte congruente, claro/a, con un profundo sentido de ti mismo/a y de lo que deseas vivir; con una sensación de alegría interna de saber quién eres, qué quieres, hacia dónde vas. Sentir que estás viviendo una vida consistente con tus valores más profundos, cercano a los seres que amas, amándolos profundamente y siendo amado por ellos.

Esta descripción parece una utopía. Pero no lo es. A mayor nivel de gentileza e integridad personal mayor alegría en el vivir con uno mismo y con los demás.

Te voy a contar una historia, "La Semilla del Emperador", escrita por Ikechukwu Nigel Ogbuchi, creador de AKoma, una comunidad de escritores y contadores de historias que comparten diversas narrativas de África y su diáspora (Nigel Ogbuchi).

En África, hace muchos años, vivió un gran Rey. Este rey gobernaba su reino con sabiduría y poder, pero tenía un problema. No había ningún niño para sucederlo cuando él muriera. Se había casado con muchas esposas, pero ninguna de ellas podía darle un hijo varón. Lo pensó profundamente y decidió elegir un sucesor del reino.

Le dijo a su pregonero que pidiera a todos los aldeanos que presentaran a uno solo de sus hijos la mañana siguiente en la plaza del pueblo, para que pudiera hacer su selección.

Al día siguiente, el palacio del Rey estaba repleto de niños de diferentes hogares de la comunidad. El Rey le dio a cada uno de ellos una semilla y les dijo que fueran a casa, que plantaran sus semillas en un frasco y que nutrieran su crecimiento durante 8 meses. Una vez que se cumplieran los ocho meses, deberían regresar al palacio, él evaluaría lo bien que lo habían hecho, y luego seleccionaría al mejor como su futuro heredero. Había un niño de un hogar pobre llamado Ikeh que recibió su semilla y regresó a su aldea. Su madre lo ayudó a encontrar un recipiente y le puso un poco de tierra. Ikeh se aseguró de regar su olla todos los días.

Después de cada mes, los hijos de los aldeanos que recibieron la semilla se reunían y comparaban sus plantas. Las semillas de los otros niños habían comenzado a brotar y florecer, pero no había señales de vida en la olla de Ikeh, a pesar de sus esfuerzos.

A pesar de estar decepcionado, Ikeh regaba su bote a diario. Pasaron unos meses y las ollas de los demás niños cobraron realmente vida. Algunos mostraban árboles pequeños creciendo en ellas, algunos tenían hermosas flores y algunos tenían arbustos frondosos.

El pobre Ikeh no tenía nada creciendo en su bote. Los niños co-

menzaron a burlarse de él. Dijeron que no era suficientemente bueno siquiera para cultivar una semilla. Se mofaron de él y lo llamaron con apodos. Ikeh estaba descontento, pero nunca, ni siquiera un día dejó de regar su olla.

Pronto, los ocho meses llegaron a su fin y a la par llegó el momento en que el rey eligiera a su heredero. Ikeh no quería acudir a su presencia. No había razón para ello, pensaba mientras lloraba. Los niños se preparaban para acudir ante el rey con hermosas plantas. El revisaba su olla... y no había nada.

"He regado esta planta todos los días". "¿Por qué debería ir al palacio?" "No tengo nada que mostrar". Ikeh le dijo a su madre con tristeza en su rostro. Lo miró a los ojos y le dijo que mostrara al rey su tarro estéril, sin importar las consecuencias.

Ikeh se dirigió de mala gana al palacio donde se encontró con otros niños vestidos de la mejor manera y llevando con orgullo sus plantas bien crecidas. Encontró más razones para estar triste por todo lo que vio.

El rey sabio salió de su palacio y comenzó a caminar entre la multitud, mirando los hermosos árboles, arbustos y flores que los niños exhibían. Los muchachos hincharon sus pechos y trataron de parecer lo más reales posible, en la esperanza de ser elegidos como el sucesor del trono.

Entonces el rey se encontró con Ikeh, que inclinaba la cabeza, avergonzado. Miró su bote y luego lo miró de cerca. "¿qué pasó?", preguntó.

_"Regué el bote todos los días, pero nunca creció nada", respondió Ikeh con nerviosismo.

Entonces el rey sonrió, asintió con la cabeza en admiración y siguió su camino. Después de unas horas de revisar el resto de *las plantas, finalmente completó su evaluación.*

Se paró frente a los niños y los felicitó por sus esfuerzos.

"Claramente, algunos de ustedes desean desesperadamente ser mi heredero y harían cualquier cosa para que eso suceda, pero hay un niño que me gustaría señalar ya que él vino a mí sin nada. Ikeh, ven aquí por favor".

"Oh, no", pensó Ikeh. Tal vez otro niño con una planta cultivada tenía el mismo nombre. Pero el Rey ordenó a sus sirvientes que lo trajeran ante él. Con lentitud y miedo caminó hasta el frente del grupo, sosteniendo su olla estéril.

El Rey levantó el recipiente para que todos lo vieran. Se escucharon risas y cuchicheos. Entonces el Rey dijo: "Hace ocho meses les di a todos una semilla. Les dije que la plantaran, la cuidaran y regresaran a mí con el resultado. Las semillas que les di fueron quemadas hasta hacerlas inútiles e incapaces de crecer. Luego fueron recubiertas para que parecieran buenas semillas. Ahora, veo ante mí miles de plantas y solo una maceta estéril".

Por lo tanto, Ikeh es el sucesor de mi trono."

En África y en cualquier lugar, sabemos que la falta de integridad puede hacernos pensar que estás ganando, cuando en realidad estás perdiendo.

La tragedia de no vivir en integridad no es lo que vemos, sino lo que no vemos porque nunca se produjo. Así como Ikeh, si hubiera reemplazado la semilla muerta, nunca hubiera sido rey ni hubiera imaginado todo lo que habría sucedido con su reinado, nosotros no podemos advertir las consecuencias generadas al elegir no vivir en integridad.

Preguntarte sobre lo que no ha sido creado en tu vida por haber fallado tu integridad personal es un camino difícil y pedregoso. Pero es que, en realidad, la integridad es vital para el éxito. La mayoría de la gente está dispuesta a hacer cualquier cosa para tener éxito, pero pocas personas realmente llegan allí. ¿Por qué? Porque las personas que están dispuestas a hacer cualquier cosa por lo que a menudo cometen errores graves que merman sus posibilidades de éxito.

Tal vez a veces pienses que la falta de integridad te llevará más lejos y más rápido. Pero esto no es así. La falta de integridad merma tu fuerza interna y la confianza de los demás hacia ti. ¿Quién quiere hacer una familia o un negocio con un mentiroso?

Por eso te repito, que tal vez la consecuencia más grave de la falta de gentileza e integridad personal es la que impide la creación de tu futuro en prosperidad al abortar los bosquejos que nunca se dibujaron en tus horizontes.

Y es que no siempre puedes ver las consecuencias de la falta de integridad en forma inmediata. Las vemos tiempo después y muchas veces no las relacionamos con las maneras en que hemos decidido en nuestro pasado.

En la historia de Ikeh, tal vez los niños que llevaron árboles crecidos ni siquiera recordaban que la semilla que había crecido no era la que les había dado el rey. Pasaron los meses y olvidaron la decisión que tomaron en un inicio.

Eso sucede también en nuestra vida. Una ocasión en que mi socio de negocios se portaba conmigo en forma poco íntegra, mi maestra y amiga, Bettie Spruill, me dijo: "Busca dentro de ti y mira en dónde no estás siendo íntegra con él". Recuerdo mi enojo inicial al escuchar tales palabras ya que no veía en mis acciones una falta de integridad. Después de un proceso honesto de introspección advertí que, tal vez por cobardía, había omitido tener conversaciones con mi socio para limpiar fallas en el cumplimiento de su palabra. Me armé de valor e inicié el diálogo para limpiar la relación. El resultado fue que logré completarme. Es decir, logré cerrar un ciclo y comenzar otro. Esto me dio la oportunidad de crear una empresa alineada a mis propios principios y valores. Una empresa fuerte, ya que es consistente conmigo misma.

Y Nigel continúa su reflexión: "El hecho de que queramos ser exitosos no significa que no debamos tener valores, principios sólidos, buen juicio y carácter. ¡No! Los hombres de negocios sabios entienden que su negocio sobrevive cuando estás contento y satisfecho. Y cuando está satisfecho, recomiendas sus servicios a otras personas que hacen crecer su negocio. Ser exitoso a expensas de tus valores es imposible. Incluso si parece ser, el éxito no dura. La integridad es una cualidad del ganador audaz."

Los Cuatro Ingredientes de la Integridad Personal

Desde mi perspectiva, la integridad personal tiene al menos que ver con cuatro ingredientes a desarrollar en uno mismo.

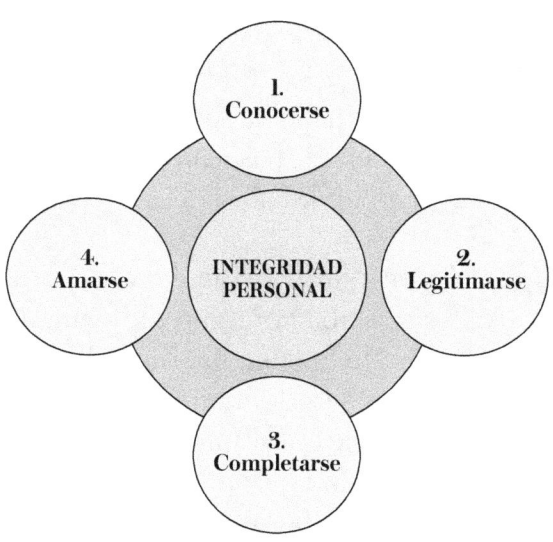

1. Conocerse

Conocerse es la clave para poder ser gentiles y vivir con gentileza e integridad personal. Recuerda que la palabra integridad proviene del latín identitas que significa lo mismo. Y gentileza tiene se origina también del latín gentil que significa amable o delicado. ¿Cómo podemos ser uno con nosotros sin gentileza y perdón? ¿Sabes qué te gusta? ¿Cuáles son las cualidades que te distinguen y qué te hace ser tú? ¿Cuáles son tus mayores áreas de desarrollo? ¿Eres matinal? ¿Nocturno? ¿Ambos? ¿Cuáles son tus sueños? ¿Cuáles son las cosas/actividades/vivencias que aspiras hacer antes de morir? ¿Cuál deseas que sea tu legado en la Tierra? ¿Quién eres? ¿Eres un ser espiritual? ¿Eres un ser humano? ¿Cómo te conectas con el absoluto/universo/Dios/fuente de lo creado? ¿De qué te sientes orgulloso? ¿De qué te avergüenzas? ¿Cómo te gustaría envejecer? ¿Cómo te gustaría rejuvenecer? ¿Amas con todo? ¿A quiénes? ¿Qué te impide amar? ¿Qué estás dispuesto a hacer y qué no estás dispuesto a hacer en esta vida? ¿Tienes algún sueño olvidado que quisieras lograr? ¿Qué te hace feliz? ¿Qué te impide ser feliz?

Conocerse es un proceso continuo, pero requiere abrir espacios para estar contigo. Apagar el televisor, reserva un ratito para escribir un diario, un ratito para reflexionar y contestar algunas de estas preguntas. Obsérvate a ti mismo con curiosidad y gentileza.

Conocerte implica estar en contacto con las diferentes dimensiones de ti mismo. Por ejemplo, establecer contacto con tu cuerpo. Qué alimentos le caen bien y cuáles no. Cómo es su biorritmo. Cómo va cambiando con el tiempo. Qué necesita en este instante. Todas estas preguntas te ayudan a conocerte, a escucharte y a cuidar de ti.

Conocerte incluye estar consciente de tus juicios y prejuicios. ¿Qué apruebas o desapruebas de los demás? ¿Qué te preocupa?

Es saber que tu mente a veces juega contigo y te impide estar tranquilo y conectado contigo.

Conocerte implica saber qué te hace feliz. Tu felicidad no depende solo de tus circunstancias y tu genética. Tu nivel de felicidad también depende, en cuando menos un 50%, de tu actitud ante la vida, y las ideas y las acciones que cultivas para lograrlo. Es importante no sólo saber qué te da alegría o gozo, sino también darte permiso para disfrutarlo. En ocasiones nos sentimos culpables por darnos aquello que nos hace felices, pero yo te pregunto: ¿Te has fijado como la gente feliz contagia a otros? Tu felicidad es contagiosa. Entonces conocer y hacer lo que te entusiasma, te satisface, te llena de contento es esencial para la felicidad de los que te rodean.

Conocerte implica conocer tus valores. ¿Cuáles son los principios por los que riges tu vida? Un valor es como un faro en la niebla. Nos guía para llegar a casa. Vivir la vida con valores y saber cuáles son aquellos que has adoptado a lo largo de la vida es esencial para poder cultivar una vida con claridad, alegría y gozo.

Conocerte tiene que ver también con tu espiritualidad. Saber qué crees y qué no crees. No estoy hablando de adoptar una religión nueva o hacerte fanático. Pero sí de vivir con un sentido de espiritualidad. Y las preguntas fundamentales solo pueden ser respondidas desde la autenticidad de la experiencia humana.

¿En qué crees? ¿Cómo le llamas a esa inteligencia infinita que hizo todo lo que existe? ¿A esa conciencia que describen los físicos cuánticos al descubrir que la materia visible, tanto en lo micro como en lo macro, ocupa solo el 5% de espacio? ¿Cómo te conectas con la dimensión de aquello que no es material ni es totalmente explicable con la lógica racional? ¿Qué es el amor? ¿Existe Dios? ¿Cómo es ese Dios en el que crees? Y si crees, ¿Para qué estás aquí? ¿De dónde proviene esa paz inmensa que sientes cuando logras estarte quieto y ver la belleza de la naturaleza; o tal vez la tranquilidad que surge de ti en forma espontánea cuando tu mente te deja en paz y te deja ser quién eres con alegría?

Tómate un tiempo y contesta una por una estas preguntas.

2. Legitimarse

Legitimarse significa concederse a sí mismo el derecho de ser quien se es. La palabra legítimo proviene del latín *legitimus* que significa "fijado por la ley". Legitimar tiene que ver con reconocer o darle un sello aprobatorio a algo que antes no lo era. Significa declarar a una persona hábil o apta para algo. En términos políticos se traduce en conceder legitimidad a un poder.

Legitimarte es entonces concederte el poder de ser quién eres. Darte el derecho de expresarte respetándote a ti mismo y respetando los derechos de los otros.

Con frecuencia nos escondemos. Nos sentimos avergonzados, como si alguien muy poderoso nos juzgara de manera constante, permitiéndonos o no expresar ideas, pasiones, dolores, sueños.

¿Cuántos de tus sueños has suprimido por obedecer a un juicio que pensabas recibirías de alguien, sin saber que era solamente tu propio juicio el que te ataba?

Ser íntegro y gentil contigo mismo implica seguir tus sueños **y** atreverte a construirlos con aquellos que amas; a tener las conversaciones, tal vez incómodas, para producir el espacio nuevo que requieres para expresarte en plenitud frente a ellos. ¿A quién le has concedido el poder para juzgarte? Revisa. Tal vez le otorgas tu poder a gente a la que en realidad no le importas.

Legitimarte es darte validez. Es pararte frente a ti y cantar un canto de suficiencia. Yo soy suficiente frente a mí. Yo soy suficiente frente a los que amo. Yo soy suficiente frente a Dios. Legitimar es iniciar el día con el derecho de ser tú mismo. Darte permiso de equivocarte, de aprender, de ser quién eres.

Legitimarse está relacionado con atreverse a ser auténtico. Doy la palabra a Nana Nyarko Boateng, activista y líder de Ghana que lo expresa bellísimamente, a quien me permito traducir en el siguiente párrafo (Nyarko Boateng):

La autenticidad es entrar en una habitación vacía y ver todo lo que está allí, lo que no está allí, lo que podría estar allí. Es el paso a través del cual el conocimiento, los pensamientos y las experiencias se amplían y se extienden. La autenticidad se muestra como una mente abierta, inclusiva, espiritual, verdadera, accesible, visible. La autenticidad es aprender y desaprender estos cuatro sencillos pasos.

Paso 1:
Tira todo. Toma tu corazón y ponlo frente a ti; agrega dos cucharaditas de lo que te viene naturalmente, y lo que no. Agrega lo que te han enseñado, lo que descubriste tú mismo, aquello de lo que no estás seguro. Sacude tu realidad, imaginación, deseos, sueños, miedos y agrégalas a la mezcla. ¿Qué has distorsionado, olvidado, descuidado? Incluye eso también. Incluye lo qué está de moda, y lo que debería ser la moda. Mezcla todo esto; ¿te gusta lo que ves?

Paso 2:
Ahora, tíralo todo de nuevo: estás tratando de ser auténtico. No seas perezoso, no uses la receta anterior. ¿Pero, por qué no? ¿Por qué? No lo sé. Si hay una receta, ¿no significa esto que alguien más podría replicar exactamente lo que has hecho? ¿Qué tan auténtico es eso? ¿No es la autenticidad la creación de algo nuevo, algo fresco, la reinvención, la innovación? Solo tira lo viejo, ¿o no?

Paso 3:
¡Turno de preguntas! ¿Quién eres tú? ¿Qué llega a tu corazón más rápido y lo mueve más rápido que cualquier otra cosa? Has aprendido a sostener tu voz; ámala ferozmente para que siempre vuelva a ti. ¿Sabes cómo sentarte con tu imaginación y tener una conversación honesta con ella? ¿Puedes enfrentar tus realidades sin encogerte? ¿Te comunicas para conectarte de la mejor manera posible?

Paso 4:
Lo siento, no hay ningún paso cuatro. De hecho, no hay paso uno, dos o tres. La autenticidad es algo que mantiene y trasciende todo lo que sabes. Se comienza reconociendo que eres importante; tu voz es importante, tus éxitos cuentan, tus fallas son relevantes, tu comodidad, dolor, sueños; todo lo que eres tú es válido. Tu autenticidad es tu misma existencia. Entonces, ¿cómo eliges vivir? Sé auténtico. Deslumbra, deslumbra, deslumbra o no; pero respira con tranquilidad.

En pocas palabras, legitimarse a uno mismo es un canto a la gentileza y a la paz. La gentileza de saber que no tienes que ser distinto de quién eres; la paz de saber que no es necesario pretender; que no es necesario esconderte ni sentirte avergonzado. Que no es necesario brillar y ser admirado. Que eres suficiente. La autenticidad viene de la paz que produce querer ser quién eres y no alguien más. De conocer de dónde vienes. De reconocer a tus ancestros, a tu historia, a tus luchas, tus miedos, tu valentía y ferocidad. De saber que no eres omnipotente, aunque a veces te gustaría serlo. De conocer los límites de tus alcances surgidos de la forma en que deseas vivir tu vida. La autenticidad es al final comulgar contigo y atreverte a ser tú.

La integridad en su faceta de ser legítimo tiene que ver con los cinco permisos esenciales que Jorge Bucay en su libro *El camino hacia la autodependencia* (Bucay, 2010). Jorge escribe:

1. Me concedo a mí mismo el permiso de estar y de ser quien soy, en lugar de creer que debo esperar que otro determine dónde yo debería estar o cómo debería ser.

2. Me concedo a mí mismo el permiso de sentir lo que siento, en vez de sentir lo que otros sentirían en mi lugar.

3. Me concedo a mí mismo el permiso de pensar lo que pienso y también el derecho de decirlo, si quiero, o de callármelo, si es que así me conviene.

4. Me concedo a mí mismo el permiso de correr los riesgos que yo decida correr, con la única condición de aceptar pagar los precios de esos riesgos.

5. Me concedo a mí mismo el permiso de buscar lo que yo creo que necesito del mundo, en lugar de esperar que alguien más me dé el permiso para obtenerlo.

En la medida en que te concedas vivir en plenitud estos permisos, a los que yo he nombrado "Derechos Humanos Psicológicos", serás íntegro contigo mismo y desarrollarás la fortaleza emocional que te permita generar relaciones auténticas, confiadas, gentiles e integras con los otros.

3. Completarse

Vivir completo significa vivir sin pendientes. Saber que has cumplido con los acuerdos y las promesas que tú has hecho, o que puedes cumplir y satisfacer los compromisos que tienes en la actualidad.

Cuando tienes certeza de algo y lo conoces, te sientes cómodo y libre. Cuando estás incompleto, tu palabra está en juego y esto te produce incomodidad, tu energía no fluye porque está atada a tu palabra. La incompletud produce parálisis, desgano y hasta cinismo con uno mismo y con los demás. Ya sea que el acuerdo sea contigo o con los otros, la palabra dada te llama. No puedes soltar el compromiso hasta que lo cumplas o lo negocies, y tienes que seguir pensando o haciendo lo que prometiste para volverte a sentir cómodo y en control. Esto es lo que produce la necesidad de finalizar, de intentar cerrar los ciclos y terminar las cosas para pasar al siguiente tema de interés.

Vivir completo es volverte uno con tu palabra. La puntualidad es uno de nuestros más grandes retos. Frases como:

"Ya casi llego"

"Te lo entrego al ratito"

"Luego lo vemos"

"Llego 10 minutitos tarde"

"Te lo entrego en la tardecita"

"Mañana te aviso cuando te lo doy"

"En un momentito llego"

"Al ratito te lo doy"

"Lo vemos más tarde"

Indican la noción cultural de que el tiempo es flexible. Comprometernos con el tiempo nos parece de alguna manera peligroso. Incluso planeamos los eventos a sabiendas de que empezarán más tarde de la hora citada. "¿A qué hora citaron a la boda? Dice que a las 7 pero creo que es a las 7:30."

No basta con que alguien nos responda que "sí" a una invitación. Como esto no nos da certeza alguna, sentimos la necesidad de confirmar o hacer "una llamadita para que no se le olvide". Mi amiga y coach Rubye Erikson decía: Cuándo alguien me dice que 'sí' siempre pregunto es un 'sí' comprometido o es un 'sí' para quedar bien".

Consideramos que no ir a la fiesta a la que dijimos que asistiríamos no lastimará a nadie. Así como hacer una entrega con retraso o llegar tarde a una cita. Pocas veces sopesamos las múltiples consecuencias de la falta de integridad en el manejo de nuestros tiempos. El costo económico y relacional de estas "pequeñas faltas" nos hace poco competitivos y poco confiables.

Lo mismo ocurre con otros ámbitos en el que nuestra palabra se pone en tela de juicio.

Vivir completo se traduce en un canto de libertad interior. Es hacer lo que dijiste. Es tener las conversaciones necesarias para establecer o negociar exitosamente acuerdos. Es sentirte orgulloso por cumplir aquello que te costó trabajo terminar sabiendo que tu compromiso fue lo suficientemente fuerte para lograrlo.

4. Amarse

Para amarte tienes que ir más allá que conocerte y legitimarte. Implica unirte también en forma espiritual contigo mismo. Es una manera mucho más amplia de experimentar el misterio de quién eres.

En este espacio la integridad está relacionada con conectarte con la dimensión en la sabes que eres mucho más que quien tú crees que eres. Este es "el espacio que sostiene tu identidad". (Spruill, 2017)

Pero para conocer esta dimensión de ti mismo, debes quedarte quieto y permitir que emerja el amor, aprendiendo a estar gentilmente contigo mismo y con los demás.

Para ello necesitas respirar. Simplemente sentarse a respirar y empezar a escuchar tanto el ruido que tienes dentro de ti mismo como la música preciosa que está ahí, sosteniéndolo todo. Quedarte ahí a sentir la energía de la paz, del amor y de la música indescriptible del silencio.

En ese lugar, tu pasado no tiene ninguna importancia ni poder. Apareces tú en total presencia. Los juicios desaparecen para dar entrada a la aceptación de lo que es, de quien eres. El perdón se vuelve esencial. Sueltas y te miras con los ojos del amor mismo.

José Martí, amigo mío, hace poco hizo una hermosa meditación en Amadi. Él nos decía:

> "Pon al frente todos tus juicios. Pon ahora al frente tus limitaciones. Continúa poniendo al frente todo lo que piensas que no has logrado, tus fallas, tus momentos menos iluminados. Ahora di. 'Ese no soy yo'. Y pregúntate: ¿Cómo puedo ser yo así, si soy la fuente del amor mismo?". (Martí, 2018)

Crear el espacio para observarte sin juicios, te brinda el regalo de la libertad. Amarte entonces significa contemplarte desde una mirada de profundo respeto; una mirada que abarca tu humanidad completa. Y al hacerlo, un nuevo espacio en ti emerge regalándote una sensación de unidad. El amor entonces es el espacio donde la verdadera transformación ocurre.

Permítete observarte con respeto y sin miedo, con tu humanidad completa, con tus limitaciones, juicios y errores. Hazlo con gentileza, alegría y amor. Tal vez entonces podrás recibir la mirada del otro y verlo desde el misterio de quien realmente eres.

Y así, tal vez, el regalo del amor por ti mismo transforme en gentileza compasiva la mirada con la que ves a los otros, aceptándolos radicalmente en toda su humanidad.

Así te convertirás en un verdadero vidente, y como Jesús y Buda, las personas se mostrarán a ti para ser vistas. Y al hacerlo ellos se podrán ver a sí mismos con integridad, gentileza y amor.

El regreso a la integridad tal vez te invite a crear el espacio para poder bajar las armas y permitirte ser vulnerable sabiendo que hay alguien ahí que no te juzga y que le importas: tú y contigo todos aquellos que comparten tu mirada.

Tal vez tu trabajo más importante sea limpiar tu mirada todos los días, dejar ir las viejas preconcepciones y encontrar ese espacio antes de tus propios juicios. Tener la voluntad salirte de esa caja que te aprisiona sostener la posibilidad de mostrarte amándote a ti mismo para así poder caminar en amor y gentileza con los demás.

Porque caminar en amor es recibir a otro ser humano de forma que pueda respirar (Spruill, 2017) de forma que pueda sentirse protegido e íntimo, de forma que sienta que te importa.

Amarte a ti mismo significa saber qué necesitas y dártelo. Escucharte de forma tal que te importe lo que te está sucediendo. Cuando dejamos de escuchar nos deja de importar.

Amarte a ti mismo significa entonces regresar a la intimidad de quién eres y desde ahí crear intimidad con los otros. Tocarte y tocarlos gentilmente con tus palabras, con tus hechos y hasta con tu cuerpo con el respeto, el cariño y la integridad que afirma que al fin estás seguro.

Capítulo 4:

INTEGRIDAD Y EL LENGUAJE DE LAS POSIBILIDADES

*Cada vez que hablas
inventas la realidad frente a otros.
La pregunta es:
¿Qué le dices tú a otros que es posible para ti?*
Bettie J. Spruill[11]

---

[11] Bettie J. Spruill es una líder transformacional, entrenadora y Coach a nivel mundial, fundadora de Ideal Ideal Coaching Global. Estos son apuntes de una conversación personal que sostuve con ella en julio 2018.

En muchos sentidos vivimos como si nuestra palabra no fuera tan importante. Hablamos por hablar sin darnos cuenta de que, en realidad, la palabra es lo único que tenemos.

Tu poder personal y la calidad de tus relaciones está directamente relacionada con la integridad (unidad, completud, congruencia) y la gentileza (amabilidad, dignidad) con la que has utilizado tu palabra.

Eres, conoces y creas el mundo dentro de la estructura de tu lenguaje. Éste te permite reflexionar, crear acuerdos, declarar aquello que es posible, en resumen, crear significados. La cultura, el surgimiento y decaimiento de las civilizaciones, la historia tal como la conoces es producto de la forma en que hemos utilizado la palabra.

Piensa en algunos líderes y maestros que han transformado la tierra, la política y las posibilidades a través del uso de su palabra como el Maestro Jesús el Cristo, Sidharta el Buddha, Mahatma

Gandhi, Nelson Mandela, Benito Juárez. Si analizamos tanto a los héroes como a los villanos de la historia, ellos han inventado sus mundos a través del lenguaje. Todos ellos abrieron posibilidades, cerraron acuerdos, y crearon mundos con su palabra.

Los líderes que logran transformar la realidad en forma positiva tienen cierta manera de hablar:

- Hablan desde la congruencia entre sus palabras y sus acciones.

- Hablan en términos de posibilidades que rompen con la resignación y el cinismo.

- Hablan con autenticidad y compasión.

- Hablan desde el compromiso para lograr el éxito del otro.

- Hablan en términos de lo que falta en lugar de lo que está mal.

- Hablan con gentileza e integridad.

Al igual que ellos, tú has sido el líder de tu vida y has creado mundos a lo largo de tu historia abriendo y cerrando posibilidades para ti y para otros.

¿Es posible desarrollar la habilidad de hablar cambiando las posibilidades y mejorando la calidad de vida? Sí que lo es. Pero para ello es necesario ser consciente de la responsabilidad y el compromiso que adquieres con el uso de la palabra.

El lenguaje nunca es neutro

Como exploramos previamente, todos tus pensamientos se encuentran inmersos en la estructura del lenguaje en el que piensas. Recuerda que tu cerebro conoce al mundo a través de la red de significados que ha creado con tu lenguaje por lo que, para ti, no existe la realidad sin ti. En este sentido tu palabra no sólo representa la realidad, sino que la crea.

LA PALABRA: REPRESENTA Y CREA

Para vivir en integridad, es indispensable conocer cómo tu lenguaje crea el mundo en el que vives y construye los resultados que observas en tu vida y tus comunidades.

Hablando con Poder

Existen formas de hablar con poder y otras sin poder[12]. Aquí llamo "poder" a la capacidad de crear, de declarar posibilidades y manifestarlas, de transformar. Cuando hablas, no sólo estás intercambiando información; estás haciendo que las cosas sucedan. Al hablar abres y cierras posibilidades para ti mismo y para los demás.

Tal vez te sorprenda saber que, a pesar de que en la actualidad se hablan en el mundo entre 3,000 y 5000 lenguas vivas (Ethologue, 2018), los seres humanos empleamos básicamente los mismos "actos lingüísticos" en todos los idiomas.

A partir de la segunda mitad del siglo XX, el estudio del lenguaje tomó preponderancia para filósofos, sociólogos y, desde luego

---

[12] Nuevamente, "Poder" es una palabra para referirse a la capacidad de crear, transformar, aprovechar y manifestar oportunidades.

lingüistas. Las teorías en torno a las formas en que ejercemos los actos del habla son muy numerosas. Aunque no soy filósofa compartiré contigo un pequeñísimo resumen de algunas de sus ideas.

Ludwig Wittgenstein comparó los actos del lenguaje a un juego, sujeto a reglas que forman parte de un contrato que puede o no ser explícito entre los jugadores, y en el que cada enunciado debe ser considerado una "jugada" que te acerca a ganar o a perder el juego (Wittgenstein, 1981). Por su parte, John Searle enfatizó el hecho de que hablar es actuar, señalando que al hablar siempre se adquieren compromisos (Searle, 1980).

El gran pensador de nuestro tiempo, Dr. Fernando Flores[13], mentor y maestro, fue un paso más allá; desarrolló la teoría de las conversaciones como elemento colaborativo, orientando sus análisis al entorno personal y empresarial, y a la forma en que las palabras pueden impulsar a las personas y a las organizaciones hacia el éxito. El describió seis actos del lenguaje y tanto éste como el siguiente capítulo adaptan muchas de sus ideas y las compara con el tema que nos compete: la integridad como camino de creación de la posibilidad para regresar a un mundo más pleno.

El Lenguaje de las Posibilidades

Para poder crear tu realidad has tenido que echar mano de seis tipos de "actos lingüísticos" o formas de hablar que tienen diferentes efectos en tu realidad. El lenguaje de las posibilidades -afirmaciones, declaraciones, evaluaciones- y el lenguaje de la coordinación de acciones -promesas, peticiones y ofertas[14]-. En

---

[13] Dr. Fernando Flores. Filósofo, escritor, político e ingeniero civil chileno. Iniciador del Coaching Ontológico. Presidente de la Comisión de Innovación de Chile y exministro de estado de la Unidad Popular y ex senador de la República de Chile.

[14] Para una mayor profundidad en el estudio de los mismos, puedes leer el libro Conversaciones para la Acción del Dr. Fernando Flores. Lemoine Editores, 2015.

este capítulo exploraremos brevemente el lenguaje de las posibilidades y su relación con la integridad.

La Integridad y el Poder de las Afirmaciones

Una afirmación es un enunciado que describe los hechos y se apega a la realidad. Por ello, la persona que afirma tiene el compromiso de probar lo que dice a través de la evidencia. Así podemos comprobar si una afirmación es verdadera o falsa. No puede estar basada en meras especulaciones. Una afirmación se prueba con la realidad.

Para darte un ejemplo, cuando decimos: el cielo está azul, Lucía es doctora, la Tierra es redonda o Julio alcanzó su cuota de ventas, estamos haciendo afirmaciones porque nos referimos a hechos que pueden ser comprobados. Si fuera necesario, podríamos recurrir a un testigo o a documentación que nos ayudará a probar su veracidad.

En contraste, una especulación que consistiría en decir: es probable que el cielo esté azul, creo que Lucía es doctora, pienso que Julio alcanzó su cuota de ventas. El problema con las especulaciones es que no nos sirven para tomar decisiones. Mientras que, si sé que el cielo está azul, sabré que no necesito llevar un paraguas cuando salga; si Lucía es doctora, podré pedirle que se haga cargo de un asunto médico; si Julio alcanzó su cuota de ventas, su jefe podrá otorgarle un bono.

Las afirmaciones crean la realidad porque enfatizan ciertos hechos a costa de ignorar otros más. Esto implica que están sujetas a nuestra percepción y nuestra capacidad de observación. Al hacerlas creamos ciertas posibilidades de acción y cerramos otras.

Mira con cuidado las siguientes famosas imágenes.

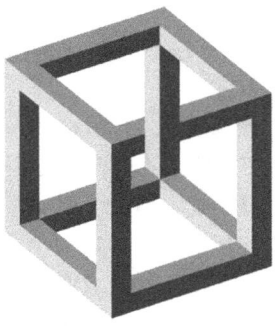 

Si presentamos estas ilustraciones a un grupo de personas y les preguntamos qué observan en ellas, las respuestas que darán serán distintas. ¿Quién está describiendo fielmente la imagen?

Desde su punto de vista, cada uno de ellos pensará tener la razón. Son muchos los aspectos que determinan nuestra manera de apreciar la realidad, entre ellos la educación, las experiencias previas, la cultura y hasta el estado emocional. En nuestra academia de coaching a este fenómeno le llamamos Visión del Mundo. (Spruill B.)

No solo piensas la realidad de acuerdo a lo que percibes, sino que ¡percibes la realidad de acuerdo a lo que piensas!

La posibilidad de generar afirmaciones relevantes depende de tu capacidad de observación. Ser gentil en tus afirmaciones te hará humilde y respetuoso con otros. También te abrirá la puerta de la curiosidad y del aprendizaje.

Tener integridad al afirmar implica adquirir el compromiso de demostrar con hechos aquello que afirmas. Si lo haces aumentará tu poder personal y crearás relaciones de confianza. Si no lo haces, la gente te percibirá como un mentiroso quedando tu integridad en juego.

La Integridad y El Poder de las Declaraciones

Declarar es una de las acciones del lenguaje que más utilizamos, sin darnos cuenta. Sin embargo, ellas impactan rotundamente lo que es posible o no en nuestra realidad.

Algunos ejemplos de declaraciones famosas, que seguramente recuerdas son:

- "Yo los declaro marido y mujer" hecha por un juez o un sacerdote

- "La Declaración Universal de los Derechos Humanos", ONU 1948

- Declaración de guerra de los Estados Unidos a Vietnam del Norte, 1955

- Declaración de la Cuarta Transformación Mexicana, 2018

Las declaraciones tienen el poder de transformar la realidad porque cambian las relaciones entre las personas involucradas.

Se diferencian de las afirmaciones en que no requieren evidencia. Así, cuando hacemos declaraciones no hablamos acerca del mundo, sino que creamos nuevos mundos. Nuestra palabra genera una realidad diferente. Después de lo dicho, el mundo ya no es el mismo de antes. Fue transformado por el poder de la palabra.

Declarando con Poder

Las declaraciones que tienen el poder de transformar la realidad viven en el presente y abren espacios de posibilidades para el futuro. Están íntimamente ligadas con el poder de quien las habla. Sin embargo, no todas las declaraciones tienen el poder de crear nuevas realidades. Tú tienes la capacidad de declarar con poder. Pero para ello es importante que conozcas las cinco características de este tipo de declaraciones. (Byron, 2003) (Escalante, 2005).

1. Son hechas con Autoridad: La persona que emite debe tener autoridad para hacerlo. Por ejemplo, el presidente de una república puede declarar la guerra a otro país siempre y cuando cuente con la aprobación del Poder Legislativo. No lo puede hacer solo. Debe ser respaldado por otros, en este caso los legisladores. Es así que, el poder de una declaración proviene no solo del que la hace, sino que lleva el respaldo de aquellos que respaldan su autoridad. El poder puede ser conferido desde el ámbito personal, intelectual, social, económico, militar y político. Es por ello que, para que una declaración tenga poder, debe de ser hecha por la persona que tiene la autoridad para realizarla. Un ejemplo simple de autoridad en el ámbito personal podría ser que posees la autoridad para declarar la hora de llegada de tus hijos adolescentes, siempre y cuando te respalde tu pareja; pero tu declaración no tendrá ningún poder si declaras esto en la familia de tus vecinos.

2. Se expresan en forma Clara y breve: Cuanto más precisa sea una declaración, mayor será la capacidad de modificar la realidad de acuerdo a los objetivos que se quieren alcanzar. Una declaración con poder es sucinta. Cada palabra cuenta, ya que modifica la realidad y las reglas del juego. Por ejemplo, el Acta de la Declaración de Independencia de México, que tuvo el poder de crear a la nación de los Estados Unidos Mexicanos, está escrita en ¡media cuartilla de texto!

Al igual que en el ámbito político, cuando realizas una declaración en el ámbito personal, la claridad es indispensable pues crea las reglas del juego y las condiciones que abren o cierran las posibilidades de lo que deseas crear en tu vida.

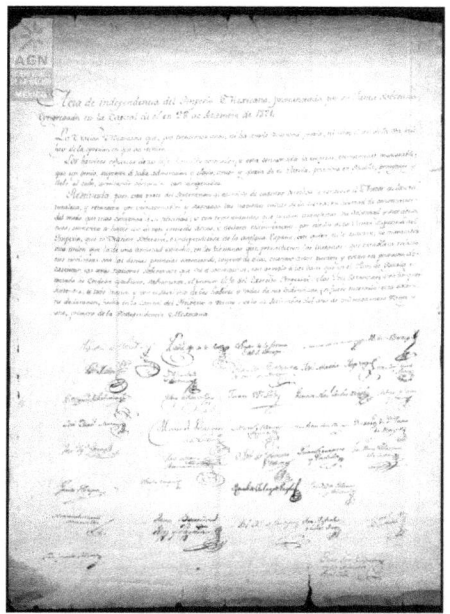

3. Se formulan en positivo: Declarar en positivo es indispensable para que la persona que declara, y aquellos que lo respaldan, enfoquen su atención en el futuro que desean manifestar y no en lo contrario. Declarar en negativo es contraproducente pues la atención se pone precisamente en lo que no se desea crear. Un ejemplo de ello es la famosa contestación de Teresa de Calcuta cuando fue invitada a una marcha en contra de la guerra. Declinó la invitación, pero aseguró que iría a una marcha en favor de la paz. En el ámbito personal si quieres dejar de fumar declara tu salud y la limpieza de tus pulmones.

4. Son Congruentes: La persona que declara debe de ser capaz de sostener la declaración a lo largo del tiempo. Sostener el compromiso que se adquiere al hacer una declaración no es fácil pues implica vivir con la integridad necesaria a lo largo del tiempo para que se produzca el resultado que se desea. Sin embargo, el precio a pagar por sostener este espacio declarativo puede ser alto. Por ejemplo, los héroes que declararon la independencia de los Estados Unidos Mexicanos pagaron con sus cabezas, el exilio, la muerte de sus familiares y la toma de sus propiedades, etc. Pocos sobrevivieron para la fundación de la república. En el ámbito personal, la valentía y la congruencia entre lo que declaras y la forma en la que vives es indispensable para la creación de lo nuevo.

5. Se formulan en tiempo presente: La declaración con poder se hace en el presente porque en el mismo momento que se declara modifica las relaciones que fundamentan el futuro. Siguiendo con nuestro ejemplo, la Declaración de Independencia de México se hizo el 16 de septiembre de 1810 pero pasaron varios años antes de que se consumara. La declaración se hizo en presente, produciendo la guerra de independencia que modificó las relaciones políticas, sociales, económicas y personales entre las partes. Culminó el 27 de septiembre de 1821, y se declaró por hecha al día siguiente en la firmada el Acta de Independencia el 28 de septiembre del mismo año, dando término a la guerra de independencia. Así como esta declaración tardó 11 años en manifestarse por completo, en tu ámbito personal es necesario que recuerdes que aquello que declaras en presente se realiza completamente en el presente y que tu tarea, así como los héroes de la Independencia, es sostener la declaración con tu compromiso para que se manifieste en el futuro.

Las declaraciones con poder generan espacios para la creación de lo nuevo. En el ámbito personal existen declaraciones, en apariencia simples, que tienen el poder de transformar nuestra vida. Algunos ejemplos son:

Dar las gracias: Esta palabra se sustenta en el reconocimiento a los demás y en la celebración de cada experiencia con la vida. Cuando damos gracias, creamos espacios de conexión, recepción e intercambio. Esta es una declaración que cultiva un futuro de alegría y armonía.

Pedir perdón[15]**:** Esta declaración da la bienvenida a la responsabilidad por nuestra imperfección y nuestros momentos de falta de integridad o gentileza. Con ella se acepta el poder de transformar el dolor, liberar la culpa y limpiar la negatividad asociada con las propias acciones. La integridad en el perdón está basada en la declaración de dejar de utilizar la energía para vengarse. Es una declaración de libertad y una declaración de paz que permite relacionarnos con otros desde una energía nueva y crear un nuevo futuro.

Decir Te Odio: Es una declaración que crea separación, destrucción y muerte. La declaración de una guerra personal que modifica las relaciones transformándolas en violencia, desconfianza y destructividad.

Decir Te amo o Te quiero: Cuando se usan de manera auténtica, estas palabras invitan a la intimidad, el cuidado, el acompañamiento, la vulnerabilidad y la creatividad. Por supuesto, esta declaración es tan importante para nosotros mismos como para los demás. Al usar estas poderosas palabras, tenemos la capacidad de fortalecer las conexiones y compartir la alegría de la vida. La gentileza y la integridad en el amor es fundamental. La vida ocurre, los eventos tienen lugar, y las declaraciones de amor nos invitan a crear espacios para vivir con la promesa de apoyo y solidaridad. Una solidaridad que sustenta la confianza auténtica que permite la vulnerabilidad.

La integridad en tus declaraciones está basada en el compromiso que adquieres para sostener esa nueva posibilidad. La gentileza surge del cuidado por ti mismo y por los otros. Declarar puede propulsarte a crear espacios de destrucción y muerte o a crear mundos nuevos y posibilidades increíbles.
Tu elijes.

---

[15] Puedes encontrar un trabajo más detallado sobre esta declaración en el libro El secreto de la abundancia de la Mtra. Ana L. Escalante Rivero, MCC, y su entrenamiento Siete semillas del amor y abundancia. Editorial Amadi.

La Integridad y el Poder de las Evaluaciones

Evaluar con efectividad es esencial para poder tener una buena vida, crear excelencia y coordinar esfuerzos hacia el logro de nuestros objetivos. Te permite corregir el rumbo y crear consenso sobre las acciones a tomar para alcanzar los resultados esperados.

Es esencial saber si tu hijo va a una escuela "tradicional o liberal", si la empresa está en "buenas o malas condiciones", si el gobierno "es corrupto o íntegro" o si la persona con la que te vas a casar es "trabajadora o floja".

Aunque es difícil dar y recibir evaluaciones, no es posible crear una familia, un equipo, una empresa o un gobierno en excelencia sin que exista un ambiente de confianza suficiente para hablar sobre el desempeño.

Sin embargo, cuando evalúas a alguien no estás hablando de la verdad. Mas bien lo estás comparando con un parámetro o un acuerdo previamente acordado. Solo puede llegar tarde alguien basado en el acuerdo de tiempo que se acordó previamente.

Por ello es importante que distingas que una evaluación no tiene certeza, es decir no puede ser ni cierta ni falsa. Por ejemplo, tú no eres alto ni bajo. Todo depende de con quién te compares.

Ahora, si las evaluaciones no son ciertas ni falsas, entonces ¿por qué son tan útiles? Porque nos ayudan a coordinar acciones efectivas. Pero para ello deben estar fundamentadas. Una evaluación con poder de transformación está fundamentada en hechos y abre posibilidades de corrección y de coordinación de acciones. Como Flores señala, una evaluación con fundamento está sustentada en una colección de afirmaciones acerca del pasado que sugiere una muestra sistemática, no solamente una observación circunstancial.

Las evaluaciones con poder no son opiniones. Por ejemplo, decir que el equipo de fútbol América es mejor que el Guadalajara es una opinión que se transforma en evaluación si se basa en el número de goles, el número de partidos ganados en la temporada, el desempeño histórico de sus jugadores, el desempeño repetido, etc.

Definir el estándar que permite determinar cuáles afirmaciones aceptaremos como válidas es indispensable para tener integridad y poder en la palabra.

En realidad, cuando realizas una evaluación adquieres un compromiso: el demostrar bajo qué parámetros o estándares estás evaluando y el de sustentar con hechos la evaluación que realizaste.

Los Juicios como Evaluación Declarativa

Juzgar nos encanta. Lo hacemos rápido y sin pensar. Se nos hace útil, divertido y sentimos que crea buenos temas de conversación.

Pero esto no siempre es cierto. Juzgar es un tipo de evaluación. La palabra juzgar viene del latín *iudicare* que significa dictar un veredicto. Cuando haces un juicio no solo estás evaluando, sino que estás declarando un veredicto que modifica el futuro de una relación o de una persona.

Por ejemplo, si dices que alguien "es un flojo" creas en la mente del que te escucha el juicio de "flojera" y esto modifica la relación con él mismo y con las posibilidades futuras en forma circular. Si la persona enjuiciada te cree, ahora creerá que es floja. Si tú lo crees te comportarás con él o ella como flojo reforzando lo que ves. Si no te cree empezará una discusión acalorada que podría deteriorar la relación.

La evaluación "flojo" es poco útil para crear resultados, a menos de que la acompañes de una lista que la sustente con hechos. Por ejemplo, decir "a pesar de que te lo he pedido y que tienes la capacidad de hacer tu cama, únicamente la has tendido dos veces este mes".

Decir esto es mucho más útil ya que ayuda a comprender lo que realmente está pasando: la persona no ha tendido su cama. La persona tal vez es floja en relación con la actividad de hacer su cama o tal vez sea incapaz. Esto no lo sabremos hasta que se hayan explorado los hechos. El problema es que esto no es lo que se dice y menos lo que se escucha.

A diferencia de la evaluación que es fluida y colaborativa, el juicio es estructurante y fija una realidad que pareciera inamovible.

En el ejemplo, el juicio "eres un flojo" no tiene sustento ya que, en realidad, nadie es flojo. El *ser* de alguien es mucho más grande y bello que cualquier juicio que tengamos sobre la persona. Cada vez que emites un juicio sobre el SER de otro o de ti mismo, fijas un ámbito de posibilidades limitando o ampliando el futuro de la persona completa.

Por ello es más útil evaluar que enjuiciar. Decir: -considero que no te importa hacer tu cama ya que la has tendido dos veces este mes- produce un diálogo que puede traducirse en acuerdos. Así, esta evaluación basada en hechos tiene mucho mayor integridad porque no enjuicia a la persona, sino que evalúa el desempeño.

Los estereotipos o *prejuicios* son aún más graves ya que son juicios que están basados en valoraciones adjudicadas a un grupo de individuos que dejan por completo a un lado la consideración de su individualidad.

El juzgar sin integridad y gentileza puede generar serios problemas en las comunidades, en la identidad y autoestima de las personas y en el espacio de posibilidades del futuro.

Las Evaluaciones y la Autoridad

Normalmente tomamos por sentado que, cuando recibimos una evaluación, la persona que la emite tiene autoridad para hacerlo. Sin embargo, esto no es necesariamente cierto. Con frecuencia cometemos el error de tomar como válidas las evaluaciones de quienes no tienen ni la autoridad ni la competencia para realizarlas.

La autoridad de una evaluación se otorga o no, dependiendo de la relación y la creación de futuro que se tiene con persona que la emite. Un ejemplo curioso sería decirle al señor que cocina los tacos del puesto en la calle que está gordo. Lo más probable es que ¡recibas un insulto de regreso! Sólo tendría cierta autoridad para hacer esta evaluación si él me la ha concedido, como su nutriólogo o tal vez su familiar. Una evaluación sin objetivo se vive como un insulto o una intromisión.

Te contaré una historia del poder de las evaluaciones usando el ámbito empresarial.

Una de las tareas principales de Alberto era generar ideas capaces de captar la atención de los consumidores para vender la mayor cantidad de productos de la marca que él manejaba. Existía una gran presión por parte de su jefe para que todos los miembros del equipo aportaran propuestas creativas. Sin embargo, a pesar de haber trabajado mucho, el último proyecto que Alberto presentó recibió como respuesta: "esta idea no es suficiente porque no resuelve el problema". La persona que emitió este juicio (su jefe) tenía autoridad para hacerlo y también los conocimientos para opinar de esta manera. Después de la junta Alberto se sintió mal, y pidió hablar con su jefe. Él le explicó las razones que sustentaban la evaluación de su trabajo. Esto impulsó a Alberto a esforzarse aún más. En la siguiente reunión Alberto volvió a presentar corrigiendo el rumbo por lo que recibió una evaluación positiva.

Alberto concedió a su jefe la autoridad para evaluarlo y dicha evaluación fue útil, ya que permitió tomar acciones correctivas y llegar al objetivo.

Evaluación, Gentileza e Integridad

¿Existe tal cosa como una evaluación gentil e íntegra? La respuesta es sí. La integridad de una evaluación depende del nivel de compromiso de quien la emite y de la gentileza del cariño.

Es un hecho que las evaluaciones nos ayudan a ser mejores, pero también pueden destruir vidas. Mi invitación es a ser gentil al evaluar y a dignificar a la persona, empoderándola para generar un mejor desempeño en el futuro.

Cuando el juez haya dictado su sentencia, el árbitro ha cantado un gol y una novia acepte la validez de la explicación que le ofrece su novio ante una posible falta, las cosas cambiarán. Habrá un claro "antes y después": el inculpado deberá cumplir su sentencia, nuestro equipo ganará el partido y el noviazgo podrá o no continuar. Como señala Fernando Flores, al hacer una evaluación, el compromiso esencial que se adquiere es con el curso de acción que una persona o una comunidad tomará en el futuro.

Así, para crear un futuro mejor con relaciones íntegras, gentiles y efectivas las evaluaciones deben hacer presente el compromiso del que las emite a través de:

- Ser íntegras, fundamentadas con evidencias y hechos.

- Ser formuladas en forma clara, delicada y gentil.

- Ser habladas con la intención de corregir para alcanzar una meta.

- Ser provocadoras de espacios que generan acuerdos y coordinación de acciones.

- Ser creadoras de nuevos futuros.

- Ser claras evitando confundir la evaluación con la realidad

Las evaluaciones se sienten en el cuerpo y muchas veces se viven como ciertas. Por ello has de ser gentil al evaluar con claridad y firmeza.

Hoy te invito a hacerte cargo de investigar los hechos para hacer evaluaciones útiles que construyan la vida y no juicios infundados que destruyen la autoestima, la reputación y las posibilidades.

INTEGRIDAD CON LOS OTROS: EL LENGUAJE DE LA COORDINACIÓN DE ACCIONES

Capítulo 5:

Todos, Alguien, Cualquiera y Nadie.

*Había que hacer un trabajo muy importante y **Todos** estaban seguros de que **Alguien** lo iba a hacer.*

*Cualquiera lo podría haber hecho pero **Nadie** lo hizo.*

***Alguien** se enojó sobre esto porque era el trabajo de **Todos**.*

*Cada uno pensó que **Cualquiera** lo podría hacer pero **Nadie** se enteró que **Todos** no lo iban a hacer.*

***Todos** culparon a **Alguien** cuando **Nadie** hizo lo que **Cualquiera** podría haber hecho.*

(Escritos de reflexión y motivación)

Piensa en este momento en una persona que consideres gentilmente íntegra con los demás. ¿Cómo la describirías? El primer adjetivo que viene a nuestra mente es que es una persona que cumple con su palabra y que es considerada con los otros. Alguien cuya palabra está intacta, entera, sin rupturas, que no se dobla y que permanece firme ante lo que cree correcto. Alguien que al darte su palabra sabes que cumplirá lo que te prometió porque le importas.

Encontrar a alguien así es maravilloso y lograr vivir así es una verdadera conquista hacia la libertad; pero requiere disciplina, un corazón consciente y un profundo el cariño por el otro.

En este capítulo exploraremos la forma en que puedes caminar a esta conquista diaria en favor de tu propia integridad para cultivar relaciones completas, dignas y sanas con los demás.

El lenguaje de la Coordinación de Acciones

Para vivir en integridad es necesario aprender a coordinarnos con otros. Desde la vida familiar hasta la empresarial y política, es esencial hacer ofertas, pedidos y promesas efectivas que nos lleven a crear comunidades y a alcanzar nuestros objetivos y resultados. Seguiremos estudiando con las enseñanzas del Dr. Flores el lenguaje de la coordinación de acciones y describiremos cómo a través de la forma en hacer pedidos, promesas y ofertas podemos construir un futuro sólido con los demás.

Pedir con Poder

¿Qué tanto trabajo te cuesta hacer pedidos? ¿Es fácil para ti? Pedir no es necesariamente sencillo ya que nos pone en una posición de vulnerabilidad. Muchas personas no piden para evitar ponerse en esta situación y por la falsa idea de que pedir nos hace débiles.

Sin embargo, pedir es una acción del lenguaje que implica una solicitud y te abre la puerta a recibir aquello que necesitas.

No podemos vivir sin pedir lo que necesitamos. Desde la mañana hasta la noche, hacemos cientos de pedidos sin darnos cuenta. Pedir genera el intercambio de bienes y servicios que requerimos para vivir y también para alcanzar nuestros objetivos.

¿Has escuchado decir frases como: "Me gustaría ir a Acapulco", "Quisiera comer una sandía", "Hay que hacer algo por nuestro país"? Todos estamos de acuerdo en que todo esto sería muy bueno. Pero estos enunciados carecen de la capacidad de generar compromiso y por ende de coordinar a la comunidad o a la familia para crear un resultado.

Cuando hacemos pedidos poco claros se produce confusión y caos. Imagínate el siguiente escenario en una pareja:

Juan: Te pedí una sandía

Rosa: ¿A mí? ¡Claro que no!

Juan: Sí, yo dije que me gustaría comerme una y tu fuiste a la tienda y no la trajiste.

Rosa: ¡Pero no sabía que yo la tenía que traer!

Juan: ¡Claro! Lo que pasa es que no te importa lo que yo quiero.

Este gracioso escenario se presenta en muchísimas ocasiones en nuestra vida cotidiana tanto en la familia como en el trabajo. Lo que no es gracioso es la cantidad de tropiezos, malos entendidos y rupturas, consecuencia de pedidos mal hechos o incompletos. Los resultados hubieran sido diferentes si Juan hubiera hecho un pedido completo, con poder de coordinar acciones:

Juan: Rosa querida, cuando vayas hoy al super ¿me puedes traer una sandía madura para la comida de hoy?

Rosa: Con mucho gusto.

La relación quedaría no solo intacta sino aún más fortalecida pues Rosa sabría con exactitud cómo apoyar a Juan y qué se requiere de ella.

Un pedido completo, nos dice Flores, tiene los siguientes elementos:

1. Un hablante comprometido (el que hace el pedido),

2. Una escucha comprometida (el que recibe el pedido),

3. Condiciones de satisfacción del pedido (exactamente qué se está pidiendo, qué, quién, cómo, dónde, etc.),

4. Un acuerdo de tiempo (para cuándo), y

5. Una respuesta (aceptar, declinar o negociar el pedido).

El Arte de Hacer Pedidos

Todas las relaciones están hechas de un conjunto de reglas explícitas (habladas) o implícitas (no habladas) en las que se determinan, por ejemplo, qué es correcto hacer o no en la relación o de qué temas hablar y cuáles temas no se tocan, etc. En general nos comunicamos siguiendo inconscientemente los parámetros de estas reglas relacionales.

Cuando hacemos un pedido que es sencillo realizar, normalmente la petición se está haciendo dentro de las reglas implícitas de la relación. Por ejemplo, una de mamá a una hija: "por favor lávate los dientes", es un pedido cómodo en la relación madre-hija.

Sin embargo, el mismo pedido es sumamente incómodo si una persona le dice a su jefe "por favor lávate los dientes". En este caso, el pedido está completamente fuera de las reglas de la relación y causará incomodidad tanto para el que lo dice como para el que lo hace.

En la vida debemos hacer peticiones atrevidas. Peticiones que nos permitan generar nuevos futuros exitosos. Sin embargo, al realizar un pedido atrevido debemos de ser gentiles ya que éstos transforman las reglas de la relación. Por ejemplo, si una persona pide matrimonio, en general lo hace después de un período de cortejo, y el pedido mismo se hace en un momento especial que marcará la relación. Si la respuesta es un sí, la relación se evolucionará de novios a prometidos. Si la respuesta es negativa, la relación de noviazgo se volverá distinta que antes de hacer el pedido.

Finalmente, otra característica de las peticiones que vale la pena mencionar es el compromiso que adquirimos al realizar un pedido: recibir aquello que se pidió. Por ejemplo, si un amigo te pide tu automóvil y después no lo recoge, muestra falta de integridad y de cuidado en la relación. Es probable que la relación se debilite y que no se lo vuelvas a prestar. Faltar a la integridad al hacer pedidos impide la habilidad de crear un futuro juntos.

Prometer con Integridad

El segundo requisito para vivir en integridad con los otros es completar tus promesas. ¿Qué porcentaje de promesas cumples y cuántas promesas te quedan sin cumplir?

La falta de cumplimiento de lo que prometemos parece una epidemia tanto a nivel personal, familiar y político.

Empecemos por entender qué es una promesa. Es una acción del lenguaje en la que una persona adquiere el compromiso de satisfacer las condiciones del pedido de otra.

Prometer con Poder

Existen promesas con poder y promesas sin poder. Una promesa sin poder no tiene capacidad de coordinar acciones ni crear resultados. Por ejemplo, decir, "tal vez sí", "déjame pensarlo", "lo vemos luego", etc: son formas de hablar vagas que no evocan un compromiso, por lo que carecen de poder. No hay nadie ahí que se haga responsable de producir el resultado. Tampoco existe forma de saber cuándo se producirá.

Al igual que los pedidos, las promesas completas nos dice el Dr. Flores, incluyen:

1. Un hablante comprometido (el que hace la promesa);

2. Una escucha comprometida (el que recibe la promesa y las condiciones de satisfacción de la misma);

3. Claridad en la promesa (precisión en lo que será prometido);

4. Un acuerdo de tiempo (para cuándo) y

5. Una respuesta (aceptar, declinar o negociar la promesa)

Decir que sí y decir que no

Decir "no" no siempre es fácil. En muchas ocasiones, nos llegamos a sentir obligados a **decir "sí"** queriendo decir que no para no lastimar la relación o porque nos sentimos comprometidos. Pero la verdad es que más del 90% de las veces que decimos que sí queriendo decir que no, fallamos en nuestra palabra. Decir que no requiere de cierta valentía y de saber que es mejor un "no" comprometido que un "sí" por quedar bien. En realidad decir que "no" cuando no podemos comprometernos es una gentileza, ya que liberamos al otro para que vaya a buscar en otro lado aquello que necesita.

Cuando prometes, no sólo te comprometes con lo que dijiste que vas a hacer, sino que pones en juego la integridad de la relación. Recuerda que al aceptar como al declinar un pedido estás adquiriendo un compromiso.

Las ofertas como Promesas Incipientes

Una oferta -término que deriva del latín *offerre* que significa llevar adelante- es una propuesta que se realiza con la promesa de ejecutar o dar algo. La persona que anuncia una oferta informa sus intenciones de entregar un objeto o de concretar una acción a cambio de algo o, al menos, con el propósito de que el otro acepte el ofrecimiento de hacer o cumplir una cosa.

En este sentido, una oferta es una promesa en potencia que está esperando ser aceptada o declinada. Si una oferta es aceptada se convierte en una promesa que, deberá cumplirse satisfactoriamente con las condiciones pactadas.

No sólo las empresas ofrecen bienes y servicios. Tú también eres una oferta para otros. ¿Qué servicios puedes brindar a los otros? Y, ¿qué pides a cambio?

Encontrar qué oferta somos es esencial para el éxito personal y empresarial. De la oferta nace el intercambio de promesas y peticiones que llevan al éxito de una relación.

Para ser íntegro en tus promesas ofrece sólo lo que realmente puedes llevar a cabo. El marketing, los vendedores, etc. en muchas ocasiones hacen ofertas que son parcialmente ciertas pero que no contienen toda la verdad de lo ofrecido. Como resultado obtienen clientes que al recibir el producto o servicio, quedan insatisfechos.

La confianza en tus relaciones está directamente relacionada con el cumplimiento de tus ofertas, promesas y la claridad de tus pedidos. Es por ello que dedicaremos el siguiente capítulo a este importante tema.

Capítulo 6:

INTEGRIDAD, CONFIANZA E INTIMIDAD

El liderazgo requiere cinco ingredientes: inteligencia, energía, determinación, confianza y ética. El desafío clave hoy en día es el ejercicio de los dos últimos:
Confianza y ética
Fred Hilmer[16]

---

[16] Fred Hilmer (1945) Académico austriaco reconocido por su contribución en el mundo de los negocios.)
https://gasalla.com/blog/learning-letters/learning-letter-127-socrates-la-etica-y-la-confianza/

Tu calidad de vida e incluso tu nivel de plenitud, no depende de lo que tienes, ni de tu éxito económico. Tu felicidad depende directamente de la calidad de las relaciones que cultivas y que te acompañan. Entonces, ¿cuál es el ingrediente secreto de las relaciones interpersonales?

La confianza

Cuando vivimos confiando la vida camina suavemente y nos nutre con su cariño. De alguno modo, sabemos que todo va a estar bien. Ésto nos da la fuerza para tomar riesgos pues sabemos que podemos caer, pero que aquel en quien hemos depositado nuestra confianza, ya sea un amigo, un hermano, un familiar, un socio, va a estará ahí para nosotros.

Cuando confiamos nos sentimos acogidos, amados, perdonados. Nos mostramos tal y como somos. Cuando la confianza se nutre con gentileza y compromiso suficientes a lo largo del tiempo, se hace posible la intimidad. Y la intimidad en amor es el cielo en la tierra.

Etimológicamente hablando, la palabra "confianza" deriva del prefijo con que significa todo o junto; y la raíz -fi- del verbo fiar, del latín *fides* que significa lealtad, fe. En este sentido confiar significa creer con todo en la solidez y la lealtad del otro.

Por ello debemos explorar a fondo qué es la confianza, cómo se crea, se pierde y se recupera en nuestras relaciones.

La Confianza se produce en una conciencia ecológica

"Cumplir con tu palabra es uno de los actos más amorosos que puedes regalarte a ti y a quienes amas".
Mtra. Ana L. Escalante Rivero[17]

En todo lo que hacemos existe una participación creativa con los otros. No puedes "crear" nada solo. ¡Ni siquiera tu propio desayuno! ¿Te has puesto a considerar cuántas personas trabajaron para que tú, hoy en la mañana, pudieras desayunar? ¿Decenas? ¿Cientos? No, ¡fueron miles! Se esforzaron desde quienes, en el campo, sembraron y cultivaron el trigo, el maíz y la fruta, hasta quienes en las granjas recolectaron los huevos, así como los trabajadores de las fábricas de sartenes, estufas, platos, vasos, exprimidores, cubiertos, los productores y distribuidores de gas, el sistema de aguas, y hasta la fábrica, tiendas y distribuidoras del jabón y el trapo con el que secaste los trastes.

Las miles o millones de promesas, peticiones, ofertas y acuerdos cumplidos, forman la ecología social que propició que tú

---

[17] Escalante, Ana L (2007) El Secreto de la Abundancia. Cuarta Edición. Editorial Amadi

pudieras desayunar hoy. Cualquier problema o mala intención de esta cadena productiva podría haber producido un desastre, no solo en tu estómago, sino en miles o miles de millones de personas que, como tú, consumieron sus alimentos con ¡toda la confianza del mundo!

Así, desde el desayuno hasta la creación de un sistema productivo, una pareja, una familia o hasta un país, la confianza percibida en que las cosas sucederán como han sido pactadas, aparece como el ingrediente secreto para que las acciones sean eficientes y coordinadas.

La confianza es el resultado de cultivar las relaciones con integridad. No importa si es entre padres e hijos, marido y mujer, gerentes y colaboradores, amigos o hermanos, la relación gozará de confianza si existe en ella integridad y gentileza en el cumplimiento de acuerdos. Por ello, tu calidad de vida depende completamente de la medida en que puedas otorgarla y recibirla.

Confiar crea un espacio ecológico en donde navegamos con velocidad, efectividad y fuerza en el mundo en el que vivimos. La confianza "es algo que hacemos, creamos, construimos y mantenemos con promesas, compromisos, emociones y nuestro sentido de integridad". (Salomon & Flores, 2001).

La Historia de Frida

Era alrededor de la una de la tarde. Yo me encontraba de vacaciones en casa de mi tía. Ella había salido, por lo que solo estábamos en casa Frida, una joven de unos 18 años, encargada de la limpieza y yo.

Estaba tirada en un sofá tratando de concentrarme en la lectura, pero el teléfono no dejaba de sonar. Agucé el oído. Había pensado que pudiera ser mi madre, porque la llamada que había hecho un par de horas antes se había ido directo a su buzón, pero quien hablara se demoró más de lo que toma a una persona decir su nombre y su asunto.

Escuché la voz de Frida elevarse. Repetía la ubicación del edificio del departamento de mi tía. Seguí escuchando. Mi imaginación comenzó a volar. Pensé que pudiera tratarse de un robo. Pero no dije nada. No quise ofender a Frida preguntándole qué sucedía.

Escuché que la llamada concluía y dejé de preocuparme. Frida desapareció en el dormitorio de mi tía. Aunque un golpeteo constante, semejante al de un martillo, sustituyó al timbre del teléfono, me puse unos audífonos y volví a la lectura.

Más tarde, supe que el ruido era originado por Frida, quien golpeaba la cerradura de la caja fuerte con un desarmador porque no sabía dónde estaba la llave. Extrajo de ella todo su contenido: pasaportes, visas, tarjetas de crédito, cheques, dinero en efectivo y joyas de mi tía.

Cuando ella regresó, Frida no aparecía por ninguna parte. Pensamos que habría salido a la tienda y no nos preocupamos más. Cuando regresó, nos enteraron de que unos hombres le habían llamado diciendo que su señora estaba en problemas, y que ella debía llevarles todo lo que encontrara de valor para ayudarla. Frida había confiado de forma inocente en que quienquiera que estuviera al otro lado del teléfono estaba diciendo la verdad.

A pesar de que mi tía no culpó a Frida del robo, al poco tiempo ella dejó el trabajo, víctima de inseguridad en sí misma y de un fuerte sentimiento de culpabilidad.

Tipos de Confianza

Para poder entender lo que le sucedió a Frida adaptaremos brevemente el trabajo de Salomon y Flores, quienes clasifican la confianza en, al menos, tres tipos: ingenua, ciega y auténtica.

La confianza ingenua

La confianza ingenua es aquella que otorgamos a otro sin tener información suficiente. Ésto nos sitúa en un riesgo alto de ser defraudados. Frida confió ingenuamente en los ladrones. No hizo preguntas suficientes ni obtuvo suficiente información para decidir correctamente.

¡Cuántos malentendidos hemos creado en nuestras relaciones personales y nuestros negocios por no aclarar, pedir y prometer con claridad!

La confianza ciega

Es aquella que otorgamos a una persona que sentimos que es de tanta confianza que elegimos no supervisarla más. Usualmente la persona es tan cercana a nosotros que elegimos no "checar" la situación porque no queremos afectar la relación. Este es el caso de la sobrina con Frida.

Esta confianza se da entre esposos, a veces con los hijos o familiares, o con los colaboradores antiguos. Pero es una receta para equivocarnos ya que dejamos de supervisar el desempeño y lo más probable es que ambas partes se equivoquen.

La confianza auténtica

Es aquella que se construye día con día a través de entablar conversaciones genuinas sobre las condiciones en las que se otorga la confianza. Al igual que en las promesas y pedidos las conversaciones de confianza auténtica exploran preguntas tales como ¿qué?, ¿cuándo?, ¿cómo?, ¿dónde?, o ¿con quién?, antes de comprometerse a otorgarla y hacer seguimiento sobre el resultado del acuerdo.

Si las condiciones del acuerdo se cumplieron se generará aún mayor confianza. Es por ello que la confianza auténtica se construye día con día, relación por relación, acuerdo por acuerdo. Implica compromiso y valentía para llamar a la palabra. Pero el premio es grande: ¡relaciones íntegras, sólidas, sanas y felices!

Confiar o no confiar: esa es la pregunta

¿Existe alguna forma de saber si debemos confiar o no en una situación en particular? ¿Alguna fórmula mágica con la que podamos predecir el futuro? Es indispensable saber si la persona a la que confiarás tu casa, tu dinero y hasta tu vida es digna de esa confianza.

Desafortunadamente no hay una fórmula mágica, pero sí hemos encontrado unas reglas básicas que te pueden permitir realizar una evaluación fundada sobre el nivel de confianza que puedes otorgar, a pesar de que no haya certeza. Confiar involucra siempre un riesgo y poder predecir te ayudará a no hacer acuerdos o ser vulnerable con las personas incorrectas.

Es así que cuando dices "yo confío en ti", estás ejerciendo dos acciones del lenguaje: una declaración y una evaluación al mismo tiempo. (Flores, Personal Notes, 2016)

Confiar como una declaración

Cuando dices "Yo confío en ti" declaras un espacio nuevo que sostiene la posibilidad de la confianza con el otro en el futuro. Dentro de este espacio declarativo emergerán nuevas promesas, peticiones y ofertas que no harías si desconfiaras de esa persona. Al declarar tu confianza a otros, abres la puerta a un futuro donde te atreves a tomar riesgos y decisiones con velocidad, pues sabes que la persona en la que confías está ahí para ti y será íntegra con sus acuerdos.

Sin embargo, todas estas posibilidades se cierran cuando dices exactamente lo contrario. Las relaciones se hacen lentas y los riesgos que tomamos son medidos o nulos.

Confiar como una Evaluación

Cuando dices "yo confío en ti" también estás haciendo una evaluación. Lo hacemos casi inconscientemente.

Confiar es una evaluación porque, para saber si debes o no de confiar en una persona o situación, puedes analizar cinco aspectos fundamentales:

a) La habilidad: Si la persona ha desarrollado las habilidades para hacer aquello que le confiaste.

b) Los recursos: Si existen las condiciones tanto materiales como relacionales para satisfacer el acuerdo efectuado.

c) El éxito repetido: Si ya lo ha hecho antes en forma exitosa o no.

d) La compatibilidad de la forma de ser: Si sientes que esa persona es compatible contigo.

e) El cariño o amor que se tiene en la relación: Confiar es un riesgo y por lo tanto debes de asegurarte de que a la persona le importa lo que te suceda a ti y a tu futuro.

Estas son las reglas básicas de decisión. Si alguna de estas preguntas no las puedes contestar afirmativamente, entonces debes analizar si deseas tomar el riesgo o negociar para subir el nivel de confianza en el acuerdo.

El abuso de la confianza

"No me molesta que me hayas mentido.
Me molesta que a partir de ahora no pueda creerte."
Friedrich Nietzsche[18]

Cuando alguien falta a la palabra, algo se rompe. Por eso decimos, que la persona ha "roto su palabra". Se siente en el corazón, se confunde la razón y aparece el enojo, la ira, la tristeza. La relación se quiebra.

Sin embargo, debemos aprender a reparar las relaciones, ya que la realidad es que las personas rompen con su palabra en muchas ocasiones y mienten en forma cotidiana.

Veamos esta estadística casi aterradora. ¿Cuántas veces crees que las personas mentimos en un día? Según Pamela Meyer, autora de "Liespotting: Proven Techniques to Detect Deception", ¡mentimos entre 10 y 200 veces al día! Si bien, la mayor parte de estas desviaciones de la honestidad se deben a la necesidad de sostener interacción social al decir solo parte de la verdad que se consideran aceptables u oraciones que la gente quiere escuchar, lo sepamos o no, diariamente estamos sujetos a mentiras que tienen el potencial de decepcionarnos. (Meyer)

Todos los seres humanos hemos experimentado la ruptura que surge de la mentira o de la falla en el cumplimiento de los acuerdos. Nos han dolido. A veces hemos sido capaces de perdonar y seguir adelante, pero en otras ocasiones no hemos podido.

---

[18] Firedrich Nietzche filósofo, poeta, músico y filólogo alemán (1844 – 1900) https://es-la.facebook.com/filosofiahoy/photos/la-mentira-según-nietzschelo-que-me-preocupa-no-es-que-me-hayas-mentido-si-no-que/604436856270439/

La Reparación de la Confianza

Todas las relaciones a largo plazo de alguna u otra forma pueden deteriorar la confianza. Es casi imposible no romper nunca un acuerdo, no confundirse, no herir, aunque lo hagamos sin intención porque somos humanos. Es por ello que debemos aprender a reparar la confianza cuando nuestras relaciones se debilitan. Así es entonces, como la integridad, se vuelve un camino de reparación y una práctica cotidiana.

Aprender a manejar las rupturas que se producen en tus relaciones y reparar la confianza, se vuelve indispensable. En nuestra academia de coaching en Ideal Coaching Global/México utilizamos el siguiente proceso para reparar y fortalecer las relaciones de confianza (Spruill & Escalante, Manual, 2018):

Paso 1: Reconoce la ruptura que produjo la falla en la confianza. Se habla sobre el acuerdo roto. Se aclaran las condiciones del mismo.

Paso 2: Explora las circunstancias que produjeron el quiebre. Se analizan los compromisos que compitieron con el compromiso adquirido; los pensamientos y sentimientos que este quiebre produjo.

Paso 3: Haz un nuevo acuerdo. Con base en lo aprendido en los pasos anteriores, se realiza un acuerdo nuevo.

Paso 4: Perdona. ¡Se perdona, se libera y se sigue adelante!

Este es un proceso vivo que requiere valentía y mucho cariño por la relación. Practicarlo te hará limpiar tus relaciones y crear parejas, familias y empresas sólidas y felices.

Gentileza, Integridad e Intimidad

Trae a la mente un momento de tu vida en el que te sentiste tranquilo y lleno de paz. Si lo piensas, encontrarás ahí también una sensación de intimidad.

Lo íntimo es un espacio que resguardamos de la invasión de los otros. Es un terreno "confidencial" y subjetivo, que decidimos, desde nuestra libertad personal, compartir solo con ciertas personas.

La intimidad pertenece a la naturaleza privada, a la familiaridad, a la cercanía. Requiere de un altísimo nivel de confianza ya que el riesgo que se toma en una relación íntima es muy elevado.

Desde este punto de vista, ser íntimo es una decisión que va en sentido opuesto a la autoprotección. Se crea cuando existe la sensación de confianza, seguridad y protección y decidimos bajar las barreras que nos protegen para abrazarnos sin máscaras ni defensas; esto implica un nivel de alta de responsabilidad. Eres responsable de saber a quién le abres tu corazón y a quién no.

La intimidad está hecha de amor, gentileza confianza y respeto. Si estos elementos existen en una relación nos abrimos, y podemos ser vulnerables y florecer. Si alguno de ellos falta, lo más probable es que vivamos juntos pero aislados. Se produce el fenómeno de estar con todos, incluyendo la pareja, los hijos y los amigos, pero sentirse completamente solo.

Tanto a nivel biológico como psicológico, permanecer conectados es nuestra principal razón de ser. Vivimos para conectarnos con nosotros mismos, con los otros, con la Tierra y con el todo infinito. Establecer estas conexiones dan sentido y propósito a nuestras vidas. Cuando estas conexiones se rompen, las sensaciones de plenitud y de paz se pierden, y entonces, nos invade la soledad.

Puedes imaginar muchas razones para que estos vínculos se dañen, se fracturen, pero de acuerdo a Brené Brown, lo que nos impide establecer conexiones, es la vergüenza. La palabra vergüenza proviene del latín *verecundĭa*. Significa la turbación del ánimo que se produce por una falta cometida o por alguna acción humillante y deshonrosa, ya sea propia o ajena. Sin embargo, desde su punto de vista, la vergüenza nace de sentir que no somos "suficientes", que no somos dignos de pertenecer y ser amados. Ella expone que tratamos de acallar la vergüenza y, por lo tanto, la vulnerabilidad, de formas diversas, como "dormirla" con adicciones, intentar ser perfectos, simular que sabemos, tenemos y somos lo que los demás esperan que sepamos, tengamos y seamos.

La vergüenza nos impide ser íntimos; creamos barreras para que no descubran la verdad de nuestra vulnerabilidad y nuestros "pecados". Sin embargo, debemos atrevernos y aceptar nuestra irremediable vulnerabilidad.

El libro de Brown sobre la vulnerabilidad comienza con una cita del discurso de Theodore Roosevelt, Ciudadanía en una República, que me permitiré citar aquí (Brown, 2013).

> *"No es el hombre crítico el que importa, ni el que se fija en los tropiezos del hombre fuerte, o en las ocasiones en que el autor de los hechos pudo haberlo hecho mejor.*
>
> *El mérito pertenece al hombre que está en el ruedo, con el rostro cubierto de polvo, sudor y sangre; al que lucha valientemente; al que se equivoca; al que fracasa una y otra vez, porque no hay intento sin error ni fallo; quien realmente se esfuerza por actuar; quien siente grandes entusiasmos, grandes devociones; quien se entrega a una causa digna; quien, en el mejor de los casos, acaba conociendo el triunfo inherente a un gran logro, y quien, en el peor de los casos, si fracasa, al menos habrá fracasado tras haberse atrevido a arriesgarse con todas sus fuerzas [...]".*

Según Brown, las personas que logran ser vulnerables y encontrar intimidad, comparten una característica específica: poseen un sentimiento profundo de amor y pertenencia; una sensación de suficiencia y dignidad que les permite mostrarse de forma auténtica y sentirse amadas. De acuerdo a sus investigaciones, cuando nos alejamos de los sentimientos que nos hacen vulnerables, nos alejamos también de la alegría y las ganas de vivir. Nos sentimos incompletos e infelices.

La realidad es que invertimos una gran cantidad de tiempo, dinero y energía en controlar, esconder y minimizar frente a los ojos de los demás nuestras fallas y miedos. Te preguntas: ¿qué pasaría si me descubrieran tal y como soy? ¿Me seguirían amando?

No se trata de esforzarse por pertenecer, sino de creer que estamos bien tal y como somos, con nuestras fallas y carencias. Cuando tratamos de esconderlas dejamos de ser auténticos. En una palabra, dejamos a un lado nuestra integridad y perdemos inmediatamente nuestra libertad y sentido de autenticidad. Nos volvemos esclavos de nosotros mismos y de las opiniones de los otros. Vivimos en angustia, el miedo se apodera de nosotros y nos defendemos poniendo barreras para impedir no sentir dolor.

¿Desde cual voz estás viviendo tu vida? ¿A quién estás escuchando? ¿A los fantasmas de tu pasado? ¿O, a la callada presencia de tu corazón y de tu mente sabia conectada con la fuente que te creó, con esa o ese maestro que ya eres y que solo necesita ser descubierta?

La intimidad requiere valentía y cariño profundo. Y cuando el milagro de la intimidad aparece, es señal de que la conquista del cariño ha vencido, y las barreras se han derrumbado permitiéndonos "integrar" al otro y que el otro se integre en nosotros. Ello y sólo ello generará la confianza que, protegida con el cariño, resultará en plenitud y abundancia infinita entre nosotros.

Capítulo 7:

INTEGRIDAD Y CULTURA POLÍTICA
En colaboración con Pamela Escalante

Culpar a los otros es una práctica muy común.
Se culpa a los políticos, pero no se les distingue.
Pagan justos por pecadores.
Y algunos pecadores pasan por justos.
La verdad hay que distinguirla y buscarla.
Hay un lazo profundo entre la verdad y la claridad.
Rosa Ma. Rivero Velasco[19]

---

[19] Dra. Rosa Ma. Rivero Velasco. Doctora en Pedagogía, fundadora de varias asociaciones civiles en favor de los más necesitados en México y en el mundo. Reconocida como una Mujer Bicentenaria por la Ciudad de México (2016) y galardonada por una diversidad de reconocimientos internacionales. (1940 -)

Integridad y Cultura Política

Todos deseamos vivir en una cultura de paz y prosperidad, respaldada por políticos y ciudadanos íntegros, que honren sus promesas y consideren el servicio y la responsabilidad como su *modus operandi*. Aún así, en casi todo el mundo, el espacio de la política y la ciudadanía se encuentran en un gran deterioro. Vivimos hoy con la desconfianza de que nuestros políticos privilegien el bien común en lugar de sus propios intereses o los intereses de aquellos económicamente privilegiados.

Para muchos, la política es siempre corrupta; para otros un estilo de vida. Otros dicen que hablar de ella es una pérdida de tiempo. Para otros más, se ha convertido en un mal necesario. Y para algunos pocos la política es su pasión. La pregunta es ¿qué es la política para ti? ¿estás involucrado? o ¿has renunciado a las circunstancias de la política que te rodea?

La palabra política proviene del griego antiguo politicus masculino que significa «de, para o relacionado con los ciudadanos».

Según la coautora de este capítulo, Pamela Escalante, la política es una ciencia que estudia la prosperidad y los logros de una nación en términos económicos, comerciales, culturales, de bienes y productos. Su forma elemental, sin embargo, se resume al intercambio humano: observado en el comportamiento, las relaciones, la creación, el poder y la autoridad. En este sentido, la política ocupa las esferas de lo personal, privado y público; de todo aquello que comprometemos e intercambiamos dentro y fuera de una nación.

La Educación como Base para la Cultura Política

Para que haya buenos electores
se requiere que haya buenos lectores
José Arriola Haro[20]

Los primeros agentes de la educación son los padres. De ahí los maestros, los medios de comunicación, las redes sociales, los partidos políticos, las organizaciones religiosas, las instituciones públicas, las empresas, sindicatos, asociaciones civiles y las bellas artes, entre otros.

Todos ellos tienen por naturaleza una relación con la integridad. La difamación y la mentira corrompen el tejido social pues crean desconfianza y apatía. Si no podemos aspirar a conocer la verdad, la confusión produce una neblina en la mente que genera apatía y una sensación de confusión produciendo una falta de empoderamiento social y político.

---

[20] Entrevista con el Dr Juan Federico Arriola Cantero. Mención de un dicho de su padre.

La falta de palabra de aquellos que ejercen la política, no nos debe hacer renunciar a participar en nuestro entorno político. Como dice el Dr. Arriola, es menos íntegro renunciar que equivocarse. Pero debemos diferenciar equivocarse que actuar con dolo buscando un beneficio personal a costa de los otros.

¿Cómo puede haber una cultura política sin cultura? ¿Cómo puede haber cultura sin educación? ¿Cómo puede una planta florecer sin agua?

La persona necesita cultivarse y educarse para florecer. En la ignorancia no puede haber prosperidad. El analfabetismo funcional -aquel que sabe leer y escribir pero no lo practica- es un mal de nuestros tiempos. Igualmente, la cultura política requiere de prácticas concretas: informarse, participar, conversar con otros y votar entre muchos otros.

La Crisis Política Actual

El mundo político actual no es muy diferente de lo que ha sido en múltiples etapas de la historia. Es fácil distinguir que hoy el bienestar de los ciudadanos se encuentra en una grave crisis que tiene mucho que ver con los valores.

El sistema democrático es hasta ahora el mejor porque nos integra a todos. El voto nos da igualdad. Es un sistema hecho por el pueblo, para el pueblo, con el pueblo y para el beneficio del pueblo. No puede haber integridad en un país en el que se margine a los económicamente vulnerables y no se castigue a los responsables del delito y la corrupción.

En el estudio de clasificación de niveles de percepción de corrupción del sector público en 180 países y territorios alrededor del mundo hecho por Transparency International del 2020 (transparencyinternational.org), se observa que casi toda Latinoamérica, África y Asia y algunos países de Europa se perciben como corruptos o muy corruptos. Esto quiere decir que la mayor parte de los países en la tierra están sufriendo un problema de corrupción grave.

¿Qué te produce saber que más de la mitad de la tierra se encuentra en niveles de corrupción insostenibles? Es imposible conocer la percepción de corrupción mundial y no darse cuenta de que existe una crisis de valores en la comunidad global.

El consumo de drogas, la fuerza de los cárteles es un factor adicional en el proceso de corrupción actual. Corromper es el romper de dos o más. Implica al menos dos rupturas. La ruptura del que ofrece y la ruptura del que acepta. En el caso de la drogadicción, el consumidor corrompe su cuerpo y lo hace dependiente de una sustancia tóxica (rompiéndose a sí mismo). Al vender droga, la persona corrompe la ley y el orden superior ético del bienestar común. El político igual. Al privilegiar su riqueza o su poder personal corrompe el bien ciudadano y el futuro de su país.

El resurgimiento de movimientos nacionalistas y de líderes que se alejan de los ideales democráticos, se debe, en parte, a la insatisfacción de los pueblos ante sus gobernantes; ante la palabra rota y la palabra traicionada. Entre las *fake news* –noticias falsas– y la verdad, ¿qué debemos creer?, ¿a quién?, ¿quién está diciendo la verdad?

Esto adquiere mayor complejidad cuando debemos decidir quién nos representará. A fin de cuentas, las diferencias en la calidad de vida entre las comunidades y los países a menudo están determinadas por la calidad del líder al que le cedemos el poder.

Integridad: La base para una cultura de paz y bienestar

"Promover la Cultura es una Responsabilidad Política".
Rosa Ma. Rivero Velasco

La calidad de vida, tanto en las comunidades como en los países, es resultado de que tanto políticos como ciudadanos privilegien el bien común y creen las condiciones para el desarrollo individual y comunitario en todos sentidos, cumpliendo con promesas y fomentando el servicio altruista y solidario, en un ambiente de paz y libertad.

A continuación, te presentamos un modelo a través del cual se analizan los dilemas de la cultura y la política en relación a cinco valores, tanto de líderes políticos, como de los ciudadanos: *integridad, confianza, presencia, gentileza y libertad,* con el estado de la cultura política en los países. De aquí resultan cuatro estados políticos que se pueden observar en las comunidades e incluso en los países. Estos son: *violencia, resignación, transformación y paz.*

A través de esta tabla nos permitiremos reflexionar los procesos que atraviesan los líderes y los países en torno a su alineación a estos cinco valores en su cultura política.

FORMAS DE SER DE LOS LÍDERES	Estados de la Cultura y la Politica			
	1. Resignación	2. Violencia y Caos	3. Transformación	4. Paz | Bienestar
Integridad	Divergente	Fragmentación	Convergente	Completud
Presencia | Compromiso	Casi Inexistente	De Oposición	Hacia el Futuro	Hacia el Servicio
Confianza	Desconfianza	Nula	Negociada	Auténtica
Gentileza	Velada	Muerte | Victimizacion	Proceso de Perdón	Solidaridad | Altruismo
Libertad	Costumbre	Sin Opción	Elección	Vivencia de Libertad

Comenzaremos contándote esta hermosa historia adaptada de Paola Kung, *La Pinche Canela* (Klug, 2017) para después analizar los cuatro estados de la cultura política del modelo que proponemos.

Doña Chole traía un dolor muy fuerte en el pecho; ciertamente la molestia la había tenido durante años, pero últimamente se había hecho insoportable vivir así. Se encaminó entre la maleza y subió cuesta arriba del cerro buscando el hogar de la curandera. Allí estaba ella, afuera de su jacal dando de comer a sus gallinas. Doña Chole explicó a grandes rasgos los síntomas de su enfermedad:

-Me duele el pecho y me cuesta respirar, a veces se me atoran los suspiros en la garganta y me dan ganas de llorar.

- ¿Desde cuándo empezaste con ese dolor?

-Desde muy chamaca, tendría yo unos 12 o 13 años -respondió Doña Chole mientras se sentaba en la banquita de madera.

-A ver cuéntame ¿por qué te empezó el dolor?, acuérdate bien como fue, porque de la enfermedad depende el remedio.

Doña Chole se quedó pensativa mirando hacia los granos que se disputaban las gallinas, luego cerró sus ojos y una lágrima salió de ellos. La curandera la miraba atenta sin decir nada.

-Me empezó el dolor cuando él se fue. Como le dije, yo era una chamaca por aquellos tiempos.

Las familias no estaban de acuerdo en que nosotros estuviéramos juntos, entonces me escapé con él y nos fuimos pal´ monte. Vivimos allí, en una casita chiquita unos meses sin que nadie nos molestara, pero entonces llegaron los milicos. Nos pegaron a los dos, a mí me violaron y me dejaron tumbada entre la hierba dándome por muerta, a él se lo llevaron y nunca regresó. No pude regresar con mi familia ni a mi pueblo y tuve que buscar otro lugar pa´ vivir. De cuando en cuando me iba a dar una vuelta a la casita que me construyó para ver si había vuelto, pero nunca lo hizo.

- ¿No tuviste otro hombre?

-No

La curandera asintió con su cabeza sonriendo dulcemente a Doña Chole, luego entró a su casa y sacó un racimo de hierbas; unas estaban frescas y otras estaban secas. La vida y la muerte estaban entre sus manos arrugadas. Al regresar, la curandera comenzó a cantar una canción que Doña Chole no entendía pero que le sacaba las lágrimas. Luego prendió un cigarro y le aventó el humo del tabaco en el rostro, para terminar dándole una friega con las hierbas que traía en las manos.

El dolor en su pecho desapareció inmediatamente, Doña Chole no recordaba lo que era vivir sin dolor y sentía que algo le faltaba.

-Vas a sentirte así unos días, después estarás bien.

- ¿Que tenía?

-Penas viejas en el buche. Quité de tu espíritu las manos de los milicos y le recordé a tu alma que era libre y que nadie la había tocado, por eso chillaste. Te arranqué la culpa y la vergüenza que no tenías que sentir y las saqué al aire con el tabaco. Tu hombre ya no está aquí, pero eso tú lo sabes desde hace mucho. También solté el lazo con el que lo amarraste porque no lo dejabas ir y hacías que también le doliera tu dolor, ahora los dos son libres. Quizá se verán luego, se encontrarán en otra vuelta o no, pero ya tienen que seguir con su camino y su camino ya no los lleva juntos en esta vida.

Doña Chole le pagó el favor a la curandera con lechugas y toma-

tes de su tierra, se despidió amablemente y le agradeció curarle las penas. Y aunque nunca más tuvo otro hombre en su vida, ya no sentía tristeza por no estar con aquél que le había sido arrebatado.

Doña Chole por fin pudo estar en paz consigo misma cuando ya no deseó estar con sus fantasmas.

Cultura Política en Estado de Resignación

Doña Chole podía haberse resignado. Morir a su sueño, dejar que su amor pasara y se quedara en el olvido. Someterse y decir que no había nada que hacer. Quedarse paralizada dentro de sí misma en una vida gris y sin sentido. Y esta es la experiencia que viven millones en el mundo. Veamos las condiciones que prevalecen en un sistema de cultura política en estado de resignación:

Valores de los Líderes y de la Cultura	Estado de la Comunidad | País: Resignación
Nivel de Integridad	Divergente
Tipo de Presencia | Compromiso	Casi Inexistente
Nivel de Confianza	Desconfianza
Gentileza	Velada
Percepción de la Libertad	Costumbre

Para comprender el estado de resignación, hay que partir del concepto de que los líderes completan su palabra en forma divergente. Permite que te explique este término. La palabra divergente proviene del latín *divergens o divergentis*. Se refiere a la acción de "separarse". En otras palabras, hablamos de que, en un contexto social saludable, existen multiplicidad de juicios y opiniones. Sin embargo, cuando se está en el estado de la cultura política al que hemos llamado Resignación, los individuos y las comunidades ya no expresan aquello con lo que disienten y sus líderes solo escuchan aquello que está de acuerdo con sus propias ideas. Los ciudadanos han perdido la esperanza. En los sistemas que crean resignación, la palabra del líder está rota. Las promesas se cumplen en ocasiones contadas con el propósito exclusivo de mantener al pueblo quieto y callado, y crear algún tipo de confianza. Pero en el fondo se sabe que la presencia del líder hacia su pueblo es marginal, y que el cumplimiento de las promesas se dará solo para algunos privilegiados.

Se ha luchado, se ha tratado de mejorar, pero el sistema y los líderes no han permitido el cambio. La gente vive por costumbre basada en una confianza exigua de que todo mejorará en algún momento. Las comunidades creen marginalmente en los líderes. La actitud hacia la vida consiste en dar continuidad a los hábitos y las costumbres; ser marginalmente gentiles con el objetivo de conservar una calidad de vida soportable. Toda rebeldía se acalla con justificaciones. Para qué luchar en una transformación, si todo esfuerzo es inútil. Es necesario hacer lo que siempre hemos hecho. Nos hemos resignado.

En la resignación hemos perdido por completo la libertad. Somos títeres de nuestro destino. Tenemos la certeza de que hay mucho que perder y es mejor no movernos para producir un cambio. Nos encontramos sin emoción, sin lucha; hemos dejado de perseguir nuestros sueños. Permanecemos resignados hasta el momento en que las condiciones se vuelven ya intolerables, cuando lo que tengamos que perder sea ya tan poco, que rebelarse y luchar con violencia, se percibe como la única opción.

Cultura Política en Estado de Violencia y Caos

"Como ciudadano, es menos íntegro
xrenunciar que equivocarse."
Dr. Juan Federico Arriola Cantero[21]

---

[21] Arriola Cantero, JF, Entrevista para este capítulo. Noviembre, 2019

De tiempo atrás sabemos que "el poder tiende a corromper y el poder absoluto corrompe absolutamente." (Acton, 2013). El poder político, social o económico ha cegado y enfermado a los gobernantes desde tiempos inmemoriales.

La historia de Doña Chole es la de muchos que se han rebelado ante la posibilidad de perder la vida, la esperanza y la alegría por el uso o el abuso del poder.

La violencia y el caos emergen de la represión, la violación de los derechos humanos, la marginación, el miedo a perder la vida, el bienestar económico, la salud mental, emocional o física entre muchos otros.

Por eso, al igual que Doña Chole, muchos se van en busca de mejores oportunidades, dejándolo todo, familia, posesiones, trabajos, sueños y, arriesgando con frecuencia su vida.

En 2016, de los 244 millones de migrantes internacionales en todo el mundo —el 3,3% de la población mundial— 40,3 millones fueron desplazados por violencia y 22,5 millones son refugiados (Organización Internacional para las Migraciones, 2018). La Organización Internacional para las Migraciones (OIM calcula que este número aumentó al menos medio millón más en el 2018. Si a esto sumamos la violencia que se ejerce en aquellos que permanecen en sus países, ya sea por intolerancia, terrorismo interno, religiones radicales, discriminación, violencia doméstica, etc. nos damos cuenta de que la humanidad se encuentra en serios aprietos. Aún ahora, con tan solo apretar el famoso "botón rojo", podemos desaparecer a la humanidad de la faz de la tierra de una vez por todas.

En la siguiente tabla se expresan las condiciones que generan una cultura política en estado de violencia:

Valores de los Líderes y de la Cultura	Estado de la Comunidad	País: Violencia
Nivel de Integridad	Fragmentación
Tipo de Presencia	Compromiso	De Oposición
Nivel de Confianza	Nula
Gentileza	Muerte	Victimización
Percepción de la Libertad	Sin opción

En la cultura política en estado de violencia, el líder se encuentra fragmentado en su palabra y ha sido corrupto por el poder. Los ciudadanos están enojados y han dejado de confiar ya que sus líderes han actuado bajo el principio maquiavélico de que el fin justifica los medios. Su vida ha dejado de ser relevante para sus representantes. Reprimir, torturar e incluso matar es permitido para preservar el dominio o los privilegios de los poderosos. El ciudadano es privado de su libertad por medio de la amenaza, el miedo y la violencia.

La represión deja de ser sustentable y los ciudadanos se rebelan. Se produce el caos —la guerra— que desencadena un miedo abrumador y un pánico total. Las víctimas se vuelven victimarios y los victimarios, víctimas. El poder se redistribuye temporalmente. No existen reglas claras. Las promesas son precarias. Las declaraciones no tienen sustento.

Por todo ello, las sociedades en épocas violentas se caracterizan por la pérdida del hogar, la cultura, la familia, las tradiciones y hasta del sentido de identidad.

La guerra entre países y dentro de los países es devastadora.

Pero no son las únicas guerras que los hombres libramos. También están las guerras locales entre comunidades, entre familias y, dentro de las mismas familias, como en el caso de Doña Chole. ¿Qué les sucede a las personas dentro de una cultura o sistema de violencia? Las familias se dividen, se fragmentan, se parten.

Algunos de sus miembros pueden adoptar o internalizar la violencia que se vive en el exterior y producir un caos interior que recrea la violencia, acciones con falta de integridad, y vidas fragmentadas. La percepción de posibilidades se limita a la prevalencia del más fuerte, a sobrevivir, oponerse y vencer al enemigo. La creación de bienestar es casi nula. Quienes no se quedan a pelear se van, como en el caso de Doña Chole.

Cultura Política en Estado de Transformación

> *Existe la necesidad de hablar de la injusticia.*
> *Pero debemos hacerlo con sabiduría*
> *para no producir aún más*
> *injusticia, violencia, venganza y odio.*
> Rosa Ma. Rivero[22]

Doña Chole no se resignó. Tampoco decidió pelear una batalla que, con toda certeza, perdería. Ella simplemente se fue. Asumió el riesgo, retó al sistema y se transformó. Le costó casi la vida del cuerpo, pero no la del alma. Fue valiente e inició un proceso de transformación. En la noche en que fue agredida, enfrentaba el peligro, el pánico y la muerte. Era vulnerable: tenía presente su sueño, pero carecía de la protección de su comunidad.

El poder de los violentos la alcanzó y provocó su trauma, su gran pérdida. Se perdió de sí misma por años hasta que decidió reparar, caminar hacia la curandera. La curandera se convierte así en el símbolo de un diálogo reparador para iniciar la transformación y alcanzar la paz.

Veamos cuales son las condiciones que producen una cultura política en estado de transformación.

---

[22] Conversaciones personales.

Valores de los Líderes y de la Cultura	Estado de la Comunidad | País: Transformación
Nivel de Integridad	Convergente
Tipo de Presencia | Compromiso	Hacia el Futuro
Nivel de Confianza	Negociada
Actitud hacia la vida	Proceso de perdón
Percepción de la Libertad	Elección

En el estado de transformación, se produce un fenómeno extraordinario. Los poderosos han perdido. Se inicia un nuevo caos, un período de transición en el que el poder se redistribuye entre los ganadores.

Pero la pérdida ha sido enorme. Ganadores y perdedores exigen un camino distinto a la violencia. Se inicia el diálogo y se pactan nuevos acuerdos que permiten inaugurar la vía para recordar que el bien del otro es también el propio bien.

El diálogo es disidente (se habla de desacuerdos) pero también convergente, tanto entre los líderes como entre los ciudadanos. La palabra converger proviene del latín *convergĕre,* significa encuentro entre dos líneas que se unen en un punto. En este sentido, para nosotros implica aquello que busca el encuentro de dos ideas o situaciones que parten de lugares diferentes.

El líder de la transformación tiene un mayor nivel de integridad y confianza. Crea el espacio para que se produzcan las negociaciones y el acercamiento entre las diferencias para cubrir las necesidades de todos. El poder distribuido es negociado. Los líderes son monitoreados en el cumplimiento de su palabra. Todos saben que el cumplimiento de la ley y de las reglas nace tanto del cuidado que se otorga a uno mismo, como al otro.

Doña Chole se aventura a buscar a la curandera. Es valiente y no se resigna a vivir con el hueco en el corazón producido por la violencia. Ella decide mudarse fuera de la marginación, hacia la transformación personal, y cuidar de sí misma otra vez. Pero es necesario recorrer una etapa preparatoria. Perdonar, dejar ir para ser libre y crear nuevas posibilidades, nuevas declaraciones de un futuro más prometedor.

Así como Doña Chole, los ciudadanos que han salido de la guerra se enfrentan a la decisión de acarrear las historias pasadas con resentimiento y venganza, o como una carga que debe ser sanada para liberar a generaciones futuras de la pérdida y la muerte. Esto es un proceso valiente y muchas veces doloroso. Por eso la transformación toma tiempo, hasta que alguien, en alguna generación ejerce el liderazgo suficiente para, convencer a los otros de soltar, dejar ir y comenzar de nuevo.

Bajo la resolución de la responsabilidad y el perdón, los ciudadanos deben ahora negociar el nivel de poder, confianza y responsabilidad de sus líderes y de sí mismos.

En la transformación personal ocurre un proceso similar. Como Doña Chole, hemos de experimentar una reconexión con nuestra totalidad, vida y amor a través de la negociación y el perdón. Como Doña Chole, hemos de caminar hacia nuestra propia curandera para poder estar presentes para nosotros mismos, y transformar el dolor en curación y en un nuevo futuro.

Así, en la política como en la vida personal, transformarnos implica sacarnos las penas viejas del buche, quitar del espíritu las manos de los violentos y llorar recordando al alma que es libre y que nadie la ha tocado. Arrancarnos la culpa y la vergüenza que no deberíamos sentir y transformarlas en humo. Entender que lo perdido ya se fue. Cortar el lazo con el que nos amarramos al pasado y que nos duele tanto a ti como a mí. Haciendo esto, seremos libres para encontrar un futuro nuevo, tal vez, en esta vida. Proseguiremos nuestro camino en el reconocimiento de que el pasado ya no está aquí. Pero eso ya lo sabemos desde hace mucho tiempo.

Cultura Política en Estado de Paz y Bienestar

En una cultura de paz, los líderes y los ciudadanos se han ido conquistando a sí mismos. Paulatinamente se han ido conociendo y eligiendo el bien compartido. "Y aunque nunca más tuvo otro hombre en su vida, ya no sentía tristeza por no estar con aquél que le había sido arrebatado. Doña Chole por fin pudo estar en paz consigo misma cuando ya no deseo estar con sus fantasmas".

Veamos los elementos que generan en nuestro modelo una cultura política de paz.

Valores de los Líderes y de la Cultura	Estado de la Comunidad | País: Paz y Bienestar
Nivel de Integridad	Completud
Tipo de Presencia | Compromiso	Hacia el Servicio
Nivel de Confianza	Auténtica
Actitud hacia la vida	Solidaridad/ Altruismo
Percepción de la Libertad	Vivencia de Libertad

Los líderes en una cultura política de paz y bienestar caminan eligiendo honrar tanto su palabra como a sí mismos. Negocian y cumplen la mayoría de sus acuerdos con integridad. Son astutos para no embaucarse en promesas que no pueden cumplir, pero guían con la certeza de que su palabra y la palabra de los ciudadanos será tomada en cuenta. Los ciudadanos les han otorgado una confianza auténtica y negocian con sus representantes impulsándolos a cumplir su palabra.

Se ha compartido el poder. Ya se trate de un sistema democrático, parlamentario e incluso monárquico. En una cultura de paz, se requiere el entendimiento de que la palabra cuenta y cuenta mucho. Las promesas deben ser cumplidas. El honor existe. Se ha desarrollado un sistema en que las reglas se cumplen y la seguridad del individuo se percibe garantizada.

La libertad no solo está asegurada por un sistema que permite la elección de sus líderes, sino también la diferencia de opiniones, la diversidad, la crítica y la cultura. La voz del ciudadano y del político es escuchada con atención. Se puede y se debe mirar y elegir a los líderes con detenimiento, pues ellos representarán los intereses de todos. Las ideas son expresadas con libertad. Las acciones son reguladas por un marco legal que se hace cumplir con justicia e integridad.

Los ciudadanos y los líderes se han puesto a sí mismos al servicio de la comunidad y muestran gratitud por la confianza que éstos les brindan. Los ciudadanos, en una cultura de paz, emplazan a sus líderes a honrar su palabra, sostienen conversaciones valientes y, muchas veces, difíciles que les permiten negociar el bienestar no solo de sí mismos sino de los demás. El clima y la cultura de la ciudadanía es de paz y bienestar. Hay suficiente para todos. Las necesidades han sido atendidas. Se ha creado un espacio para que la creatividad y los sueños se trabajen y se cumplan. Desde este lugar surge el altruismo y la solidaridad. Tenemos suficiente. Podemos dar al que momentáneamente tiene menos o requiere de nuestros servicios.

Una Nota sobre el Altruismo

Sube a nacer conmigo,
hermano
Pablo Neruda[23]

"Doña Chole le pagó el favor a la curandera con lechugas y tomates de su tierra, se despidió amablemente y le agradeció curarle las penas."

---

[23] Pablo Neruda (seudónimo de Ricardo Eliécer Neftalí Reyes Basoalto (1904- 1973), fue un poeta considerado entre los más destacados e influyentes artistas de su siglo). https://www.neruda.uchile.cl/obra/obracantogeneral9.html

El altruismo es la inclinación para procurar el bien de los demás de forma desinteresada. Surge de una visión del mundo comunitaria y de saber que no estamos solos. Del que sabe que dar al otro es darse a sí mismo. Del que ha reconocido que la fuente de su abundancia es a la vez comunitaria y profundamente personal.

Hay ejemplos extraordinarios de conductas altruistas en los cuatro estados de cultura política. Personas que dan su vida por otros en la guerra, ciudadanos que han alzado su voz a costa del encarcelamiento o el exilio, y millones y millones de seres humanos que cotidianamente apoyan al que se encuentra en un momento de necesidad.

Los grandes movimientos altruistas iniciados por organizaciones civiles, iglesias e incluso líderes políticos actuales se basan en el principio de una mente valiente y compasiva: estoy aquí y me importas.

El famoso dicho, "quien no vive para servir no sirve para vivir", atribuido a la madre Teresa de Calcuta y a Lord Robert Baden-Powell, fundador de los Scouts, nos habla de un posible llamado a la búsqueda del sentido de nuestra existencia.

Debemos elegir. Sin importar la condición de la cultura en la que te encuentres, tu participación en la política y la sociedad es indispensable. Y desde el altruismo, es imperdible.

Capítulo 8:

INTEGRIDAD EN LAS EMPRESAS

A mayor responsabilidad, mayor poder.
A mayor poder, mayor responsabilidad.
Ana Escalante

Como sabes, el mundo productivo está organizado a través de tres sectores: el gobierno, la empresa y las organizaciones civiles a las que se le ha llamado el tercer sector. Estos sectores promueven el orden y bienestar social.

La empresa como tal, es una organización que tiene como objetivo el prestar un servicio o producir un bien para satisfacer las necesidades o el bienestar de una comunidad.

Al centro de los tres sectores se encuentra el servicio al cliente. Sin su cliente, una empresa no tiene razón de ser. Sin el servicio, tampoco. Considero que la conversación de integridad puede llevarnos a reflexionar en qué forma podemos hacer una empresa u organización más humana como base de la organización social.

Desde hace más de 15 años he tenido el privilegio de trabajar en las empresas y organizaciones como consultora, entrenadora y coach ejecutivo. Mi acercamiento a las empresas ha sido un punto de partida ontológico-sistémico, agradezco al Dr. Flores y al Dr. Peter Senge, quienes han sido un continuo de inspiración para mi trabajo dentro de las mismas.

Antes de comenzar, permíteme crear un contexto donde podamos entender la empresa desde mi acercamiento ontológico-sistémico, es desde este punto de vista donde analizaremos el fenómeno de la integridad empresarial.

Definición ontológica/sistémica de empresa

Para mí una empresa es:

"Un sistema abierto que ofrece bienes y servicios a través de satisfacer las promesas y peticiones hechas entre un prestador de servicios y sus clientes con el objetivo de generar valor para los mismos, colaboradores y utilidades para sus accionistas."

El siguiente esquema representa de forma gráfica, esta definición:

Desde el punto de vista ontológico, las empresas son el resultado de conversaciones continuas en las que se oferta, se promete, se pide, se declara y se asevera entre clientes, accionistas, colaboradores, proveedores etc., un bien o un servicio para satisfacer una necesidad de clientes potenciales en un entorno libre de mercado (Flores, Conversaciones para la acción y Ensayos Seleccionados: Inculcando una cultura de compromisos en nuestras relaciones de trabajo, 2015). Si las empresas cumplen con sus acuedos en integridad, generan confianza y satisfacción en sus clientes quienes los recomendarán, incrementando así el mercado al que la empresa impacta y creando un círculo virtuoso que le permite generar valor, crecer y crear bienestar social.

En este sentido, la integridad como valor está ineludiblemente ligada a la vida de los empresarios y todos los sistemas que se encuentran relacionados con los mismos. De la integridad en el cumplimiento de acuerdos entre todas las partes depende el éxito y el crecimiento empresarial.

La integridad reta a la empresa como un sistema abierto

En nuestra certificación de coaching ejecutivo estudiamos a la empresa también desde un punto de vista sistémico. Basado en el famoso trabajo de Peter Senge (Senge, La Quinta Disciplina: El arte y la práctica de la organización abierta al aprendizaje, 2005), Otto Schamber (Scharmer, 2007) y en mi propia experiencia como terapeuta sistémica familiar, entiendo a la empresa como un conjunto de componentes que se relacionan entre sí en forma interdependiente a través de su estructura, procesos y funciones. Los sistemas tienen reglas de funcionamiento específicas, todas ellas basadas en la interrelación *de sus partes.*

La empresa se entiende entonces un conjunto de elementos -humanos, técnicos, legales, financieros, etc.-, interrelacionados entre sí y con el entorno del que forma parte, que tiene objetivos determinados. Como un sistema complejo y abierto a su entorno (sistema económico, social, político...), la empresa incide y recibe influencias en un intercambio continuo que condiciona su actividad, comportamiento y resultados.

A nivel interno, la empresa está integrada por diversas partes llamadas subsistemas. Cada uno de ellos (finanzas, recursos humanos, producción, administración, ventas, etc.) tiene el objetivo de dar servicio a las demás partes del sistema de forma que se puedan alcanzar los objetivos de la empresa en general.

Al igual que un organismo, cada uno de estos subsistemas tienen su propia estructura, creencias, funciones, reglas relacionales y objetivos, y es necesario que estos subsistemas tengan integridad en sí mismos para poder brindar integridad a la empresa en general.

Cada uno de los elementos sólo tiene sentido en la medida en que contribuye a conseguir los objetivos del sistema empresa, que en todos los casos es **satisfacer las necesidades de sus clientes.**

Si los subsistemas de una empresa trabajan armónicamente, se produce el fenómeno de la organización sinérgica, en la que el funcionamiento del conjunto es superior a la suma del funcionamiento de las partes (el todo es superior a la suma de las partes). Sin embargo, si uno de sus subsistemas o pequeñas partes de éste, deja de funcionar, puede crear una repercusión en toda la empresa.

Recuerdo alguna vez que fui contratada por un banco para resolver un problema que tenía el potencial de afectar a todo el sistema del grupo financiero. Durante dos años, el área de sistemas había ido perdiendo personal importante de forma continua. Un "supercolaborador" había asumido gradualmente las responsabilidades de los que partieron. Todos estaban agradecidos con esta persona. Pero un día enfermó, probablemente de cansancio, y nadie pudo resolver un problema técnico que afectó a algunos cientos de clientes. El problema se hizo evidente y el director advirtió que el "supercolaborador" era ya la única persona que comprendía el sistema técnico del banco en forma global y la forma en que éste operaba. El director consideró entonces que era necesario intervenir y por ello me llamaron. Era necesario reorganizar el sistema y distribuir las responsabilidades y el conocimiento a otros miembros del equipo ya que, cualquier cosa que sucediera al "supercolaborador", podría afectar el desempeño de decenas de miles de clientes.

La solución no fue sencilla, ya que este colaborador tenía muchísimo poder. Recuerda que a mayor responsabilidad mayor poder y viceversa. Después de pocos meses pudimos generar la reorganización del departamento y asegurar que esta situación no se repitiera de nuevo.

Es así como, desde el punto de vista sistémico, la integridad o completud de una empresa depende de la integridad de cada una de sus partes. Cada subsistema debe tener integridad, funcionalidad y resultados para que la empresa crezca.

Excelencia en el Servicio al Cliente Interno

El reto para muchas empresas es la interrelación entre las áreas. Cuántas veces no hemos visto como se producen quiebres entre producción y ventas, entre administración y producción, etcetera.

Cada área o subsistema debe cumplir sus propios objetivos y muchas veces estos parecen encontrarse contrapuestos unos con los otros. Aparecen las guerras de poder, las guerras entre áreas, las rencillas, las ineficiencias, las confusiones en la comunicación. Y al final, el afectado es el cliente quien, como hemos dicho, es la razón de ser de todo el sistema.

Alinear a las áreas es un reto difícil de superar. Se requieren estrategias, procesos, personal y la magia de la transformación del pensamiento individual del equipo. Tal vez por ello, una de las intervenciones más solicitadas a nuestra empresa consultora, es el desarrollo de equipos interáreas que permita generar satisfacción y sinergias, no solo con el cliente final, sino con el mismo cliente interno o, como a mi me gusta enfatizar, con el "otro miembro de mi propio equipo". Hemos nombrado a nuestro trabajo ESAC o Excelencia en el Servicio al Cliente y lo llevamos a cabo alineando la cadena de valor para generar integridad en los acuerdos y resultados extraordinarios. No es la aproximación individual la que logra solucionar las dificultades de las empresas. Es la visión sistémica e interrelacional la que puede brindar completud e integridad en la comunicación y, por ende, en los sistemas empresariales.

No estamos solos

> *Y en la calle codo a codo*
> *Somos mucho más que dos.*
> Mario Benedeti[24]

Además de la integridad del funcionamiento interno de las empresas, es imperativo reconocer la influencia de los sistemas externos de los que la empresa forma parte. Es decir, estudiar la integridad de la empresa desde el punto de vista ecológico.

Las empresas están interrelacionadas e influyen en al menos cinco sectores o personas de interés que son externos a la empresa. El modelo de la J. R. Freedman define ocho tipos de *stakeholders* o personas que están involucradas en una empresa, y cuyos intereses deben cuidarse para que tenga una larga vida productiva y genere bienestar en la comunidad (Freedman, 2010).

---

[24] Mario Benedetti (1920 - 2009) escritor, poeta, dramaturgo y periodista uruguayo. https://www.poemas-del-alma.com/te-quiero.htm

Estos son los ocho sectores de interés definidos por Freedman que forman el sistema ecológico empresarial.

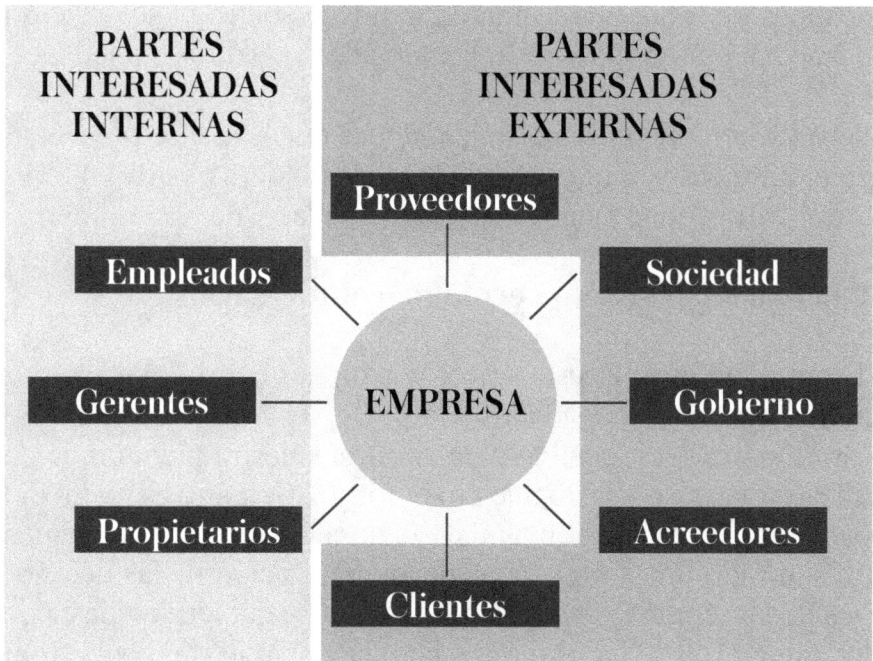

¿Cuáles son las normas éticas o del bienestar común que deben regular a cada uno de estos sectores de interés? Porque al final, todos los sectores involucrados en la empresa deben producir y relacionarse para la creación de bienestar. De lo contrario, se produce una cadena de desequilibrios que al final tiene un costo altísimo para todos los involucrados y para el sistema social e incluso, el equilibrio ecológico de la Tierra.

Las partes interesadas internas, propietarios, gerentes, empleados, etc. buscan la creación de bienestar a través de la generación de ganancias y beneficios económicos. Al final, el propósito elemental de una empresa es la creación de una cadena productiva que genere utilidades.

Las partes interesadas externas, clientes, acreedores, proveedores, gobierno y sociedad también están interesadas en que la empresa genere bienestar económico y social. La empresa es, después de todo, una forma en la que la sociedad se organiza para crear beneficios y elevar la calidad de vida de las sociedades.

Pero existen un sinnúmero de dilemas éticos que se presentan en el momento en que estos ocho stakeholders o partes interesadas entran en el juego de la productividad y de hacer dinero.

La ética en el sistema ecológico empresarial

Todos queremos hacernos ricos o al menos cubrir satisfactoriamente nuestras necesidades. De hecho, es nuestro deber buscar el mayor bien posible para alcanzar nuestra plenitud, la de nuestras familias y la de nuestro entorno. El dinero es un medio para alcanzar este fin. Sin embargo, desafortunadamente hemos presenciado una y otra vez la deshumanización de las decisiones de las empresas, proveedores, clientes, gobierno y hasta de los miembros de las empresas familiares basadas en el bottom line o el dinero que cada uno quiere obtener para sí mismo.

El principio maquiavélico de "el fin justifica los medios" parece prevalecer en muchos casos en los que las partes interesadas generan conductas no éticas para satisfacer su necesidad de obtener ganancias. La visión corta del yo vs el nosotros. El cortoplasmismo vs la visión a largo plazo. El privilegio de unos en detrimento de otros.

Todas las partes interesadas entran en el juego. Son miles los dilemas éticos del sistema productivo que vivimos todos los días.

Nuestros destinos están profundamente conectados mucho más allá del bienestar de nuestras personas, nuestros bolsillos y hasta de nuestras propias familias. Ahora más que nunca el bienestar y hasta el futuro de nuestros hijos depende de la integridad y de la honestidad de los servidores públicos y privados. Aquí algunos pocos ejemplos:

- **Diseñar y producir un producto de poca calidad y duración para que el consumidor requiera volverlo a comprar.** El costo ecológico: contaminación de la Tierra, exceso en gasto, creación de sociedad de consumo.
- **Pago injusto o bajo a colaboradores.** El costo ecológico: baja calidad de vida, resentimiento social, diferencias sociales abismales que al final producen desequilibrio social.
- **Falla en el pago de impuestos.** El costo ecológico: competencia desleal, falta de apoyo en proyectos sociales que compensan el capitalismo. Servicios públicos de baja calidad.
- **Corrupción en el gobierno.** El costo ecológico: falta de confianza en los gobernantes. Servicios públicos de baja calidad o inexistentes; hospitales, escuelas, transporte no creado o de baja calidad.
- **Clientes y acreedores abusivos.** El costo ecológico: debilitación de la empresa por pagos excesivos que no le permiten creer ni crear bienestar social.
- **Abuso de autoridad.** El costo ecológico: falta de calidad de vida y en los derechos humanos, abuso del más débil, debilitación del tejido social.
- **Discriminación y acoso.** El costo ecológico: abuso de autoridad, falta de respeto, resentimiento social, falla en los derechos humanos.
- **Afectación ecológica.** El costo ecológico: millones de especies en extinción, contaminación del océano, ríos, aire y tierra que afectan el equilibrio ecológico de millones de especies animales y vegetales, la salud de nuestro planeta, la belleza natural y al final la viabilidad de la humanidad.

La pregunta es: ¿a qué costo estamos generando riqueza y comodidad para la humanidad? La perspectiva individualista que privilegia la generación de dinero no debe ser el único principio de decisión en una empresa.

La visión ecológica e interrelacional nos permite cuidar a cada una de las personas de interés y crear soluciones que privilegien a todas las partes. Esto no pone en tela de juicio la productividad y las utilidades, sino que amplía el horizonte. La generación de una vida en abundancia que incluye la riqueza, la belleza, la armonía, el amor y el bienestar de todos, incluyendo no solo a los humanos sino la naturaleza vegetal y animal que son ahora nuestros compañeros de viaje en el destino y futuro de la nuestra madre Tierra. ¿Con qué tipo de principios o valores se deben conducir los negocios?

Los valores y la responsabilidad social empresarial

Un valor es como un faro, una luz grande y fuerte que nos guía en tiempos de tormenta y nos alumbra el camino para regresar a casa. Es una cualidad que poseen las personas que son apreciadas o bien consideradas.

La ética en las empresas debe crear la estructura de la cultura y los valores que forman las reglas implícitas y explícitas que definen el comportamiento adecuado o permitido dentro y fuera de una organización. Los valores deben de "bajarse de las paredes" y hacerse vida. Se deben dar a conocer y practicar, y también deben de estar dentro de los procesos internos de la empresa para que puedan alinearse a la cultura y transformarse en vida.

"Las personas en su vida diaria se enfrentan a una serie de escenarios y circunstancias (tanto en el ámbito personal como en el profesional); que requieren de una sólida formación en valores que les permita enfrentar los problemas éticos, de manera ordenada y equilibrada. En múltiples ocasiones, para las organizaciones y sus colaboradores, actuar éticamente representa la diferencia entre alcanzar el éxito o llegar a un inminente fracaso." (Deloitte).

Por ello, a nivel mundial ha surgido el movimiento de Responsabilidad Social Empresarial. Este movimiento reconoce que la empresa se ha convertido en una fuente de poder y de influencia sobre el medio en el que se desenvuelve, y que es corresponsable de la producción de problemas sociales, como la polución del aire o del agua, la especulación del suelo, la concentración industrial urbana, y directamente responsable, como lo vimos con anterioridad, de aspectos tan importantes como la ética empresarial, el trato con los clientes, la política de recursos humanos, la relación con los proveedores, etcétera.

Hasta hace poco tiempo se pedía a la empresa que fuera eficiente en la obtención de bienes y servicios, es decir, que obtuviese el máximo con el menor costo posible, utilizando para ello el mínimo de factores de producción. Actualmente, sin embargo, no sólo interesa incrementar la producción, sino también mejorar el contexto socioeconómico al que está destinado el producto.

Es por ello que la ética empresarial y la RSE (Responsabilidad Social Empresarial) actual deben de ser ecológicas y tomar en cuenta tanto los factores económicos, sociales y medioambientales, como las consecuencias de que las acciones de la empresa pueden tener en el desarrollo de la sociedad en general.

En una cultura de incompletud

Las prisas, el dinero, en fin, la vida posmoderna nos ha acostumbrado a permitir la vida dentro de una cultura de incompletud o falta de integridad. Tomado de nuestra certificación internacional en Ideal Coaching (Spruill & Escalante, Manual, 2018), te presento la siguiente tabla de los efectos que produce en las relaciones personales y laborales acostumbrarse a vivir fuera de integridad:

- Caemos en una especie de "sonambulismo"
- Nos resignamos a estar incompletos
- Dejamos de vivir de acuerdo con nuestra palabra
- Dejamos de escuchar con compromiso
- Comenzamos a vivir el pasado
- Nos alejamos más y más de la acción
- Dejamos de relacionarnos con los demás como seres humanos que cuentan

Pasamos entre el 50% y el 80% de nuestro tiempo en el trabajo. ¿Qué tipo de vida empresarial se crea desde la falta de integridad? y ¿cómo podemos hacernos cargo de cambiar la cultura empresarial? Estas preguntas no son fáciles de responder, pero lo importante es saber que podemos vivir y crear bienestar de otras maneras.

En una cultura de integridad

En una cultura empresarial de integridad, dejamos de estar dormidos y despertamos del cinismo que nos produce romper con nuestros acuerdos. Al elegir la integridad, aparece la vida y la pasión, y dejamos de vivir resignados a romper nuestros acuerdos y la palabra dada. En una cultura de integridad sabemos que tú y yo estamos trabajando juntos por algo más grande que los dos, y sabemos que juntos podemos mucho más que separados.

Y es por ello que empezamos a vivir como nuestra palabra y a escuchar desde el compromiso. Dejamos de vivir en la historia y comenzamos a explorar y a hacernos cargo de nuestras posibilidades. Solo así podremos acercarnos a vivir en la acción efectiva y producir los resultados que queremos. Solo así comenzaremos a relacionarnos con los demás como seres que cuentan y, que cuentan mucho. Solo así seremos capaces de inspirar a nuestros colaboradores y hasta a nuestros propios hijos, para al fin, romper sus limitaciones y hacerse cargo de manifestar su plenitud.

Integridad y liderazgo

Hemos explorado la amplia y diversa relación que existe entre la integridad y la empresa. Ahora quiero invitarte a reflexionar aquella que se manifiesta con uno de los temas clave de la cultura empresarial: el liderazgo. Entre las múltiples definiciones de este concepto, te presento la de Senge, acorde con la visión que hemos planteado a lo largo del capítulo de una empresa como ente vivo en el que todos sus integrantes deben encontrar crecimiento:

> *"Los líderes son diseñadores, guías y maestros; son los responsables de construir una organización donde la gente constantemente expanda sus capacidades para entender la complejidad de la realidad, aclarar la visión personal y empresarial y mejorar los modelos mentales compartidos." (Senge, La Quinta Disciplina: El arte y la práctica de la organización abierta al aprendizaje, 2005).*

Partiendo de este concepto, ¿cómo influye la integridad de un líder en el desempeño de una empresa? Este es un tema al que se está dedicando cada vez mayor atención. Como he expresado antes, si entendemos la integridad como la consistencia entre palabras y acciones, el cumplimiento o incumplimiento de esta palabra es clave en su relación con los *stakeholder*s (socios) al afectar profundamente su confianza y satisfacción. Y en este conjunto de grupos de interés, ahora quiero centrarme en el efecto del liderazgo al interior de la empresa: hacia los colaboradores.

Con demasiada frecuencia se adjudica a los directivos de una empresa las acciones y responsabilidad del liderazgo. En los múltiples volúmenes que se han escrito al respecto, el término de líder, comúnmente se adjudica a quienes se encuentran en la cima de la organización. Es cierto; es ahí donde residen las decisiones de mayor peso y las decisiones cruciales que llevan a una empresa hacia el éxito o el fracaso. Sin embargo, encontré en el trabajo de Palarski y Yammarino lo que he confirmado de forma continua en la práctica: el liderazgo se ejerce a todos los niveles de la organización (Palarsky & Yammarino, 2009). Ellos plantean tres niveles de análisis: individual, grupal y organizacional. Esto les permite analizar la importancia del liderazgo ejercido por un individuo —el CEO de una empresa, por ejemplo—, por un grupo —como ventas, marketing o producción—y por la organización entendida como una entidad que se presenta como un todo ante sus *stakeholders*.

Entre los postulados que Palarski y Yammarino formulan en su análisis, se encuentran los siguientes:

- El promedio de integridad a nivel individual de los miembros de un grupo está relacionado directamente con la integridad del grupo.

- La existencia de normas relativas a la integridad favorece la integridad personal cuando se está actuando a nombre de un grupo.

- La existencia del clima organizacional consistente afecta de forma positiva la integridad de la organización.

- La integridad del líder está positivamente relacionada con la satisfacción de los seguidores en el líder.

- La integridad de la organización está positivamente relacionada con la confianza de los stakeholders en la organización.

En resumen, nuestra integridad personal afecta de manera positiva o negativa a nuestro grupo, que a su vez afecta a la organización, que a su vez afecta a los grupos de interés, que a su vez tiene gran peso en el éxito de la empresa. Y tener normas organizacionales relativas a la integridad fortalece este valor en la empresa. "Es como una cadena, un DNA que se multiplica, hasta llegar a la cohesión de una ética que adquiere madurez con el tiempo" Rosa Ma Rivero.

Liderazgo y el estado de una cultura empresarial

Al igual que los líderes políticos, los líderes empresariales generan sistemas y culturas basadas en valores. Como en el capítulo anterior, me permito a continuación explorar contigo un modelo que explica el estado de cultura organizacional que se produce basada en la vivencia de seis valores que se traducen en competencias del líder: integridad, presencia, confianza, gentileza, libertad y escucha.

FORMAS DE SER DE LOS LÍDERES	Estados de la Cultura y la Politica Empresarial			
	1. Resignación	2. Violencia y Caos	3. Transformación	4. Paz | Bienestar
Integridad	Divergente	Fragmentación	Convergente	Completud
Presencia | Compromiso	Casi Inexistente	De Oposición	Hacia el Futuro	Hacia el Servicio
Confianza	Desconfianza	Nula	Negociada	Auténtica
Gentileza	Velada	Muerte | Victimizacion	Proceso de Perdón	Solidaridad | Altruismo
Libertad	Costumbre	Sin Opción	Elección	Vivencia de Libertad
Escucha	Nula	Arrogante	Empática	Profunda

Me detendré a analizarlos brevemente de nuevo para mostrarte cómo nos sirven para dar un paso más en el análisis de la integridad en el liderazgo.

En una cultura empresarial de resignación...

El líder rompe con su palabra continuamente y los colaboradores son reprimidos o no escuchados. En muchas empresas de la postguerra se observaba este estado de ánimo; desafortunadamente en algunas empresas actuales también. En la resignación, la escucha es casi nula. Los empleados están impedidos de expresar sus opiniones, sean éstas favorables o divergentes. Carecen del poder de la palabra. El acuerdo común implica que, por el sueldo acordado, se realicen las tareas asignadas, debiendo incluso aceptar agravios, como el maltrato por parte de sus superiores.

El líder comúnmente es una persona autocrática y autoritaria, en cuyas promesas y palabra no se puede confiar. Hay poca gentileza y cuidado por el otro. La responsabilidad y el poder recaen con frecuencia en una sola persona. La gente no confía en el líder. El líder es errático. Tiene privilegiados que pueden cambiar según su conveniencia. La gente trabaja en estas empresas por necesidad o tal vez por costumbre. Aunque los colaboradores tienen la opción de irse, se han acostumbrado. Su dilema es quedarse para el retiro o la liquidación. O irse y perder su seguridad. Muchos se quedan y se producen culturas apagadas, resignadas, donde el chisme y el desánimo son la constante.

En una cultura empresarial de violencia y caos...

El líder ha fragmentado su palabra creando sistemas con poca integridad. Utiliza su poder para controlar y reprimir. Los colaboradores se oponen. Hay alianzas y coaliciones. El líder está poco presente y su escucha es limitada ya que se muestra arrogante y se cree conocedor de la verdad por lo que su escucha se encuentra enfocada en "oír lo que le conviene". Al decidir, sólo toma en cuenta aquello que es consistente con lo que él o ella piensan. Los colaboradores se molestan por no ser escuchados y han dejado de confiar en sus líderes. El líder sigue el principio maquiavélico: "el fin justifica los medios". Lo que suceda con la vida del colaborador ha dejado de ser relevante. Reprimir, burlarse, gritar, agredir es permitido con tal de producir los resultados.

Los colaboradores se vuelven víctimas de sus propios líderes y víctimas entre ellos mismos. Los resultados se producen por medio de la amenaza, el miedo y la violencia, pero no son sustentables. Las personas actúan su enojo e inconformidad y la "muerte" de la empresa o el cambio del líder se vuelve inminente.

En una cultura empresarial de transformación…

El líder aparece como el visionario y creador del futuro. Ante la incertidumbre de la transformación, muestra un liderazgo convergente, es decir busca el encuentro de dos o múltiples ideas o situaciones que provienen de colaboradores diferentes. El líder requiere mostrar empatía y se pone en los zapatos de los otros.

Se cuida a sí mismo y cuida a los demás. Los colaboradores negocian la confianza. Algunos confían en forma ciega. Otros inician el proceso de negociación. El líder de la transformación escucha a sus colaboradores para entender y crear un nuevo orden a la vez que busca las nuevas ideas que lo sustenten. Es por ello por lo que produce transformación. Sabe escuchar, colaborar y tomar en cuenta. Este líder es capaz de negociar, dejar ir el pasado (el proceso de perdonar) y soltar lo que no se requiere más, para crear un futuro más prometedor para todos. La negociación es una competencia imprescindible para este tipo de líder.

Los colaboradores elijen en libertad quedarse y formar parte del nuevo futuro. La integridad de su palabra es indispensable para lograr el cambio. Este líder escucha, sostiene nuevas ideas, las toma en cuenta. Sabe que no sabe todo. Y también sabe que solo puede saber a través de la mirada conjunta de sí mismo y de los otros.

En una cultura empresarial de paz y bienestar...

No sólo el líder cumple con su palabra, sino que los sistemas que el equipo de liderazgo ha creado son capaces de cumplir con las promesas dadas. Este líder sabe que de su palabra depende la integridad del sistema y el cumplimiento de la palabra de sus equipos. Este líder sabe que, es entre todos como se logra el mayor bienestar. El bienestar de la empresa es el bienestar de los colaboradores y viceversa. Hay una tensión continua enfocada en la producción del resultado que se promete. La colaboración es natural. Los equipos se tensan, negocian, ofrecen, se equivocan, se perdonan y siguen adelante.

Es así como estos líderes generan los equipos de la cultura empresarial que hoy en día caracteriza a las organizaciones más exitosas del planeta. Y, por más exitosas, no me refiero necesariamente a su tamaño y riqueza, sino a organizaciones congruentes que continuamente agregan valor y que producen bienestar. En estas culturas, no hay un líder sino un equipo de líderes. No hay una acción íntegra, sino procesos que producen integridad y cumplimiento. Estos líderes han creado sistemas en los que el cumplimiento de la palabra produce un estado de Paz/Bienestar no solo en los colaboradores sino en todos los *stakeholders*. Ellos saben que no lo han hecho solos. Han creado equipos de líderes enfocados y conscientes capaces de crear una filosofía empresarial que considera como cliente, no solo a la persona o entidad que adquiere sus productos o servicios, sino a la persona o grupos al interior de la empresa a quienes se deben cumplir promesas. Los líderes que crean paz y bienestar fomentan una actitud de servicio dentro y fuera de la organización orientada a fortalecer relaciones de cooperación y a despertar una confianza auténtica. Existe solidaridad entre los integrantes de la empresa, ya que todos luchan hacia una meta común. No sólo se escucha su voz, sino que se espera que todos participen, con creatividad, propositividad y sentido crítico, en el crecimiento y desarrollo de la empresa. Estos líderes honran su palabra y el liderazgo lejos de descansar en una o pocas cabezas, es compartido por toda la organización. Esto se produce porque el líder que crea paz y bienestar en las empresas tiene una escucha profunda: es capaz de escuchar no sólo lo que se dice sino lo que no se dice; es capaz de escuchar su intuición además de los números; escucha al contexto, al grupo y al individuo. Y es por ello que al hacerse uno con el propósito y con su gente, puede encontrar soluciones y posibilidades extraordinarias donde no existían.

Nota final

NO HAY LÍDERES PERFECTOS.
NO HAY EMPRESAS PERFECTAS.

Todos estamos en camino. Todos estamos aprendiendo. Así es que, cuando te juzgues o juzgues a tus líderes, hazlo con verdad, pero también con gentileza, con compasión. La vida está viva, los líderes también y tú también. En nuestra academia decimos: el fracaso no existe; solo existe la retroalimentación. La vida te da retroalimentación todo el tiempo. Si produces un resultado que no se parece a aquello que quieres crear, observa y aprende. Entonces estarás en capacidad de producir un nuevo resultado.

Capítulo 9:

INTEGRIDAD Y CAMBIO
en colaboración con Pamela Escalante

"Fluye con lo que pueda suceder y deja que tu mente sea libre: mantente centrado aceptando lo que sea que estés haciendo. Esto es lo máximo".
Zhuangzi. Chuang Tzu[25]

---

[25] Chuang Tzu (filósofo de la antigua China que vivió alrededor del siglo IV (369 a. de C. - 290 a. de C.) https://www.goodreads.com/author/quotes/149093.Zhuangzi

El cambio es lo único que no cambia

El cambio no es opcional. Es parte de los ciclos de la vida. Sin embargo, como afirmó Charles Dickens, los hombres somos animales de costumbres.

Tal vez también a ti te gusta la rutina que brinda seguridad y protección. Pero el cambio es inevitable y en este capítulo exploraremos las fases del mismo, así como algunas herramientas para no que no solo te adaptes, navegues y crees el cambio, sino que incluso lo disfrutes y lo vivas con integridad y gentileza.

No solo a nivel macro sino también a nivel micro, experimentamos cambios regulares: nuevas células de la piel, miles de células que mueren a diario; más dinero, menos dinero; un trabajo estable, ningún trabajo; un matrimonio maravilloso, un divorcio doloroso; una grandiosa carta de admisión, un horrible aviso de expulsión; una exuberante cabellera; una brillante cabeza calva. Los ciclos de la vida son indispensables para la conservación de la vida misma. La flor crecerá y se marchitará, la lluvia comenzará y se detendrá, al igual que nosotros mismos. Todo está en constante evolución.

Aunque a veces resultan dolorosos, los cambios son indispensables para la evolución. Nuestra Pachamama, al igual que Parménides, nos enseña que nada permanece. Solo es preciso darle un poco de tiempo para observar el fenómeno completo.

Te impresionará saber que en el planeta Tierra han ocurrido al menos cinco extinciones masivas. En ellas, grandes cantidades de especies han muerto simultáneamente por razones que van desde el cambio climático hasta el impacto de un enorme meteorito.

"La extinción más grave ocurrió al final del período Pérmico, cuando el 96% de todas las especies perecieron. Estos eventos, que se desarrollaron durante millones de años, son probablemente los sucesos más desconcertantes y trágicos que ha sufrido nuestro planeta. El lado 'positivo' de estos acontecimientos, es que la Tierra madura y se prepara para cambios evolutivos a medida que se van desarrollando nuevas especies que ocupan el lugar de las extintas." (Muy interesante, 2019)

Nada es estable por mucho tiempo, pero no siempre estamos preparados para dejar ir y tomar un rumbo nuevo. Esto es evidente ya que casi todos nos resistimos el cambio.

Esta época, más que ninguna otra, exige que pongamos en uso todas nuestras inteligencias, incluyendo nuestro corazón, para aprender a vivir. La inteligencia no es definida únicamente como la facultad mental que permite aprender, entender, razonar, tomar decisiones y formarse una idea determinada de la realidad, sino como la capacidad de un ser humano para adaptarse. A mayor capacidad de adaptación, mayores posibilidades de ser efectivos, felices y exitosos en el mundo actual.

Veamos esta historia basada en la vida real que muestra un ejemplo de los cambios de vida de una joven millennial.

Se acabó

En abril de 2018, Lola fue despedida de su trabajo; el primero en su vida. Veintidós años, un par de zapatitos lindos, recién graduada y con excelentes calificaciones. Todo para que la despidieran por "su actitud". Ya lo veía venir. De todos modos, no estaba contenta con su jefe. Pero eso no era todo. Su contrato de arrendamiento estaba por vencer y, no tenía dinero para cubrir el depósito de un nuevo departamento.

Se preguntaba: "¿cómo pudieron hacerme esto?". Estaba furiosa. Su novia se había graduado de la universidad recientemente y tenían planes de mudarse para comenzar una vida juntas. El sueño se convirtió en una pesadilla en el momento en que Lola perdió estabilidad financiera. Ambas entraron en pánico y firmaron un contrato de arrendamiento para compartir un estudio en un sótano. El lugar era un desastre, pero la renta era barata y la disponibilidad era inmediata.

Su sentido de autoestima se acercaba a un mínimo histórico cuando una amiga que vivía en México la invitó a trabajar con ella. Considerando esta oferta como una oportunidad inmejorable en ese momento, accedió. Al final esto provocaría que ella y su novia solo vivieran juntas dos semanas. Cada una perdió la mitad del depósito de la renta. En un lapso de dos semanas, Lola perdió su trabajo, a su novia, el poco dinero que tenía y su país de residencia. Ya en México, se dedicó de lleno al proyecto al que su amiga la había invitado, lloró durante meses, no se rindió y por fin su corazón sanó. Su inteligencia y valentía la llevaron a crear una nueva profesión, nuevas historias y una madurez que hasta entonces desconocía.

El Cambio Detona las Emociones

Al igual que la joven de la anécdota anterior, todo proceso de cambio puede impactar espacios internos que hemos estado defendiendo. Los nuevos sucesos y circunstancias detonan reacciones emocionales no necesariamente relacionadas con nuestro presente, sino del todo vinculadas con el pasado. A ello le llamamos detonador emocional.

Un detonador emocional es una experiencia sensorial que produce asociaciones poderosas a experiencias vividas previamente, y mediante las cuales se activan recuerdos sensoriales de la experiencia previa. ¡Reaccionamos en el presente como si estuviéramos viviendo la situación pasada!

Comprender nuestros detonadores y hacer el trabajo emocional para trabajar con ellos es una práctica necesaria para cuidar nuestra integridad emocional, en particular, cuando nos encontramos en un proceso de cambio.

Una teoría acerca del cambio, la integridad y la presencia

Podemos remitirnos a diversos modelos que explican la forma en que los humanos enfrentamos el cambio. Te presentaré uno que nos ayudará a entender la relación entre el cambio y la integridad. Espero que te proporcione herramientas para manejar mejor los cambios que se presenten en tu vida.

El psicólogo sueco Claes F. Janssen (Janssen, 1996) desarrolló un modelo psicológico sencillo y simple llamado "Las cuatro habitaciones", de gran utilidad para navegar en el tiempo en que estamos viviendo y los conflictos que genera el cambio en términos generales. Así mismo, Otto Shamberg y Peter Senge (Senge, Scharmer, Jaworsky, & Flowers, 2005) incluyeron en sus modelos el concepto que, en mi opinión, complementa bien el de Janssen. Se trata de la presencia como un eje fundamental.

Con el fin de explicar la relación entre la integridad y el cambio, me he permitido modificar ambos modelos y crear uno propio que incorpora la integridad y la presencia como características adicionales. En la siguiente figura encontramos el modelo de las "cinco habitaciones" o etapas en las que transitamos cuando nos enfrentamos al cambio:

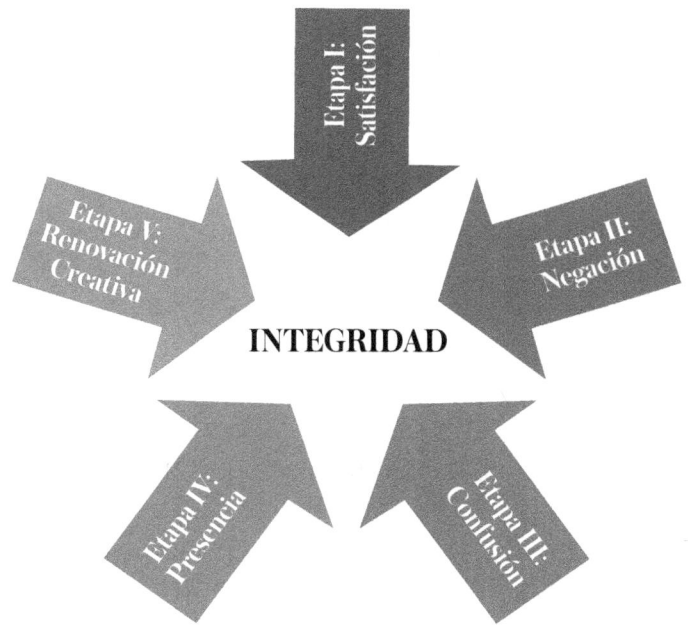

En la **Etapa I de Satisfacción,** nada cambia, pues te encuentras complacido. Como en el caso de la joven, la vida es tranquila y feliz. Te encuentras con integridad en la palabra y completo en tus acuerdos. No le debes nada a nadie. Tu vida está organizada y completa. Esto te permite sentir satisfacción. En este estado, te gustan las cosas como son. La relación de pareja te complace y tu trabajo, también. No sientes envidia de la vida de los demás, ya que sabes que el sol nace para todos y estás feliz con lo que está ocurriendo en tu vida.

De pronto, las cosas cambian y entras a la **Etapa II de negación**, donde te niegas a darle importancia a los cambios que observas. Piensas que las cosas se mueven como algo natural. Sientes que todo regresará pronto a la normalidad. Pero los cambios continúan presentándose. Las cosas no quedan totalmente en su lugar. Un ejemplo conocido lo puedes encontrar en las relaciones de pareja. La pareja pelea violentamente. Dos días después el conflicto se soluciona. Los dos parece que están felices de nuevo. Pero, puede ser que no del todo. La próxima pelea es peor, y el "estado de unión" después de haberse recuperado no es lo que era.

Y así se inicia la **Etapa III de la confusión.** Tu presencia se divide entre lo que era, lo que debería de ser y lo que no sabes del futuro. Te estás moviendo hacia una crisis, un punto de inflexión. No sabes qué hacer. Has abandonado lo viejo, pero no conoces lo nuevo. No has creado aún alternativas ni posibilidades. Las reglas que se aplicaban con anterioridad ya no son una referencia. Los acuerdos antiguos ya no sirven. Hay que inventar nuevas declaraciones, nuevos sistemas, nuevas promesas. Pero no sabes bien en qué condiciones te encontrarás después del cambio. Tu integridad está en juego. No tienes claridad. El habla es confusa. Experimentas miedo, angustia, enojo, insomnio, etc. Renunciar a todo lo que debes dejar atrás es la exigencia para moverte a la siguiente etapa. A algunos les toma minutos u horas. Para otros toma meses o años. El tiempo que tardes en renunciar y aceptar tu nueva realidad es el tiempo que permaneces confuso repitiendo la experiencia una y otra vez para encontrarle sentido y tratando de recrear al pasado.

Finalmente es el tiempo de la **Etapa IV de la presencia.** Tu renuncia a lo que fue, te lleva a pacificarte, a crear un espacio para que pueda emerger lo nuevo. El tiempo se suspende. Aprendes a tener otro tipo de escucha. Aquella que convoca a una conciencia en la que puedes entrar de nuevo en contacto contigo mismo, con tu integridad personal.

La presencia nos invita a quedarnos quietos. Algunos descansan. Otros meditan. Otros simplemente entran en silencio y reflexión. Se termina la prisa y se crea este espacio donde surge la vida de nuevo. Es aquí donde se gesta tu creatividad y las alternativas de un nuevo futuro.

Se produce el renacimiento. Recoges las piececitas del alma y parchas el corazón para que lata de nuevo. En la quietud, te diriges a la matriz, a la energía de la madre, pasiva, curativa, que te permite gestar de nuevo. Escuchar el todo, no las partes. Conectarte y aceptar lo que dejaste ir, y lo que has de dejar entrar.

En la presencia, tu integridad es casi total. Estás completo y eres uno contigo mismo. Estás en paz. No te mueves. Observas y escuchas el futuro posible.

"Hemos llegado a la conclusión de que la capacidad elemental para acceder al campo del futuro es la presencia. Primero pensamos que la presencia consistía en estar plenamente conscientes y enfocados en el momento actual. Luego, entendimos la presencia como una escucha profunda; estar abierto a algo más allá de las ideas preconcebidas y las formas históricas de hacer sentido. Descubrimos la importancia de dejar de lado las antiguas identidades y la necesidad de controlar y, como dijo Salk, tomar decisiones para servir a la evolución de la vida." (Senge, Scharmer, Jaworsky, & Flowers, 2005)

Desde este no control, observas con ojos frescos, miras nuevas posibilidades. Contactas con la Fuente y la sabiduría que te creó.

Has entrado en la **Etapa V de la renovación** creativa en donde se encuentra el compromiso creativo. "La magia ha sucedido, las paredes de nuestra separación se derrumbaron temporalmente... surgen nuevas ideas. La verdad se habla directamente desde el corazón y es iluminada hábilmente por la mente cuyo poder no puede ser eliminado...". Has creado una nueva forma de ver el mundo, una nueva perspectiva.

Esta nueva visión y entendimiento te lanzan a la acción. Empiezas por ti mismo y, como dice Gandhi, comienzas a ser el cambio que quieres producir en el mundo. Después, como dicen Scharmer y Senge, comenzamos a realizar pequeños experimentos o prototipos rápidos que te permiten entender la verdadera naturaleza de lo que está emergiendo como un todo. Así se produce la innovación. Entras en una etapa de aprendizaje acelerado. Ahora sostienes una integridad renovada con base en nuevos compromisos: probar, fallar y probar de nuevo, ajustar, fallar y empezar de nuevo. Senge lo describe como cuerpo, mente, corazón y acción comprometidos en el flujo de la improvisación, inspirados por la evolución, dialogando y alentando la entrada de lo nuevo.

Una vez que estos prototipos han mostrado su efecto positivo, eres impulsado a cristalizarlo en todo el sistema al que pertenece. Crearlo por completo. Eres lanzado a un nuevo liderazgo que surge como el nuevo compromiso que te lleva a manifestar una nueva realidad.

A partir de aquí, si tomas las consecuencias de cualquier verdad que hayas visto en este estado de ánimo inspirado, y las haces realidad a través de acción, te mueves a otra etapa de satisfacción, que con frecuencia es más rica, más efectiva y más divertida que la anterior.

Cambio y propósito

"Presta atención a aquello a lo que te comprometes; esto se convierte en tu propósito".
Roberto Escalante Rivero[26]

Cuando todo cambia, ¿Qué nos sostiene? Tal vez sea una combinación de nuestra integridad personal, el cariño de nuestras relaciones, nuestros ideales, nuestra fe y nuestro propósito de vida.

Todos, de alguna manera u otra, hemos tenido que enfrentar situaciones difíciles en las que hemos sido héroes anónimos para nuestras familias, empresas, comunidades y algunos hasta nuestros países.

La historia de la humanidad nos brinda múltiples ejemplos de personas que han mantenido la integridad a lo largo de un proceso de cambio profundo y se han enfocado en algo más grande que ellos: su propósito.

Muchos de ellos son considerados héroes. Son rostros que asociamos como "líderes" del cambio: dirigentes religiosos, activistas sociales, educadores, dueños de negocios, figuras políticas y, ciudadanos de pie que protestan y han dado su vida para provocar un cambio político, social o religioso. Son personas que honraron su palabra a pesar de las circunstancias, de sus penas e incluso de sus sufrimientos; que conservaron su integridad gracias a la valentía de ver más allá y encontrarse con su propósito. El "para qué" de lo que les tocó vivir.

Los monumentos patrios nos enseñan mucho sobre la integridad y el cambio. Tomemos por ejemplo el Ángel de la Independencia en México y, la afamada Estatua de la Libertad en

---

[26]Roberto Escalante (emprendedor y alto ejecutivo en la industria automotriz, (1965 -)

los Estados Unidos. Se erigieron hace más de un siglo y aún siguen en pie. Su propósito original era servir a ambas naciones como recordatorio visual de su independencia. Estos símbolos fueron y son relevantes porque son signos la libertad: un valor incorporado tanto en la Constitución Política de los Estados Unidos Mexicanos así como en la estadounidense. Más de 100 años después y a pesar del sol, de los sismos, la sal y el agua, los movimientos y líderes políticos permanecen no solo estructuralmente íntegros, sino con propósito y relevancia.

Al igual que estos monumentos, tú también cuentas con una estructura, propósito y relevancia. En los momentos de cambio, el propósito funciona como la estructura que sostiene tu identidad.

El propósito mantiene viva la integridad, pues te compromete con algo más allá que tú mismo, algo trascendente, algo que mueve con profundidad tu corazón.

Cuando nos divorciamos de nosotros mismos, de nuestros valores y de nuestro propósito, damos cabida a la posibilidad de desintegrar la estructura esencial de nuestra identidad. Nos perdemos en el camino y olvidamos quienes somos.

A pesar de que el tiempo pueda modificar las condiciones de nuestras vidas, nuestros compromisos e ideales pueden ser los puentes que nos lleven a lugares seguros y, en muchos casos, más plenos. Tu piel cambiará, tu cabello también, tus posesiones materiales serán diferentes, algunos miembros de tu familia llegarán y otros se irán. Pero tú seguirás siendo tú mismo y tendrás que ir a dormir contigo noche a noche a pesar de los cambios. Solo tu sabrás si has jugado el juego de la vida con gentileza, honor e integridad.

Capítulo 10:

INTEGRIDAD EN EL AMOR DE PAREJA
en colaboración con Pamela Escalante

Es una absoluta certeza
que nadie puede conocer su propia belleza,
o percibir un sentido de su propio valor
hasta que se ve reflejado de nuevo en el espejo
de otro ser humano amoroso y cariñoso.
John Joseph Powell[27]

---

[27]John Powell, Sacerdote Jesuita americano, autor de múltiples libros sobre desarrollo personal (1925-2009).

La pareja es nuestro principal espejo. Es uno de los laboratorios más importantes que tenemos sobre la integridad y el amor. Amamos según somos, de conformidad con nuestra naturaleza humana completa. Por eso, hay una íntima relación entre quiénes somos como personas y nuestro modo de amar. La integridad en el amor trata de ese estar completo en el amar, con todos nuestras luces y sombras, con nuestro cuerpo, mente, corazón y espíritu. Un amor que nos convoca enteros, sin vergüenza, vulnerables y plenos.

La diversidad en el amor contemporáneo

Como terapeuta familiar, no podía faltar en este libro el capítulo de la integridad en la relación de pareja. En el mundo de hoy, hablar de pareja no significa hablar de un solo tipo de relación, ni de un solo tipo de amor. Hoy en día, existe un abanico extenso de formas de mantener una relación romántica que se encuentran desde la monogamia hasta el poliamor; desde la heterosexualidad hasta la homosexualidad, incluyendo al nuevo movimiento Queer que engloba todas las preferencias e identidades no heterosexuales. Muchas relaciones son abiertas, atemporales y fluidas. Otras son cerradas y más tradicionales. Todas válidas y con sus propias complejidades, desafíos y recompensas.

En este capítulo hablaremos de lo que une a todas ellas, en el entendimiento de que el amor comienza siempre con el amor propio y, con la sabiduría que conlleva aceptar el riesgo y elegir la posibilidad de crear una relación comprometida y recíproca con la persona a quien deseas dedicarte y compartir tu ser. Al final, amar con amor es un acto de fe. Probablemente el mayor "riesgo" que cualquiera puede tomar.

El Amor y el Enamoramiento

> *La mujer que yo quiero no necesita bañarse cada noche en agua bendita.*
> *Joan Manuel Serrat*

En el inicio, existía solo amor. Y en el inicio de las relaciones de pareja, también. La experiencia es increíble. ¿Recuerdas alguna vez que hayas estado embelesado por otra persona? Nuestro pulso se acelera, vivimos en un estado permanente de euforia, el día se nos va en soñar despiertos y pensamos de forma casi obsesiva en la persona que nos tiene como hechizados. Éstos son los síntomas que presentamos cuando estamos enamorados. Y digo síntomas porque al estado de enamoramiento se le ha llegado a llamar un estado psicótico temporal (Tallis, 2019) durante el cual se recomienda no tomar riesgos ya que nuestro razonamiento se encuentra atrofiado.

---

[28] Joan Manuel Serrat es un cantautor, compositor, actor, escritor poeta y músico español (1943 -)

Enamorarse es hermoso y al mismo tiempo aterrador. El problema es que igual que nos lleva al cielo puede también llevarnos al mismísimo infierno: inseguridad, celos, ansiedad y hasta depresión e ira ante la pérdida potencial de la pareja.

La biología del amor es todo un tema. Diversos estudios indican que la bioquímica es la culpable de los estados atípicos que nos dominan en el enamoramiento, que dura entre seis y ocho meses. "Conforme se va dando la adaptación en la relación, los niveles de serotonina bajan y puede disminuir el enamoramiento, sustituyéndose por el amor de pareja. Se ha demostrado que en este proceso comienza a aparecer en el cerebro una hormona llamada oxitocina, que tiene que ver con una relación más estable y el cuerpo va sustituyendo la serotonina." (Uniradio Noticias)

Así que el enamoramiento como tal no dura mucho. Es la semilla que tiene el poder de convertirse en algo mucho más grande y bello.

Te contaré una historia real que tiene que ver con el paso del enamoramiento al amor.

Recién casados

—Voy al Súper 7, ¿necesitan algo? —. Era un típico día de trabajo y yo me preparaba para ir, como siempre, por café y desayuno. Era martes y Gerardo acababa de regresar de un viaje a Nueva York.

—¿Me puedes traer una bebida electrolítica? Estuve despierto toda la noche y me siento bastante deshidratado—, me respondió Gerardo.

—Alguien se divirtió en Nueva York, ¿eh? —, yo bromeé.

—Te lo contaré en el almuerzo—, me aseguró.

Cuando unas horas más tarde, nos dispusimos a buscar un sitio en donde comer, me di cuenta de que mi amigo no se encontraba bien. No era el de siempre.

—¿Qué pasa?

—Descubrí que Amelia estuvo con alguien más mientras yo estaba en Nueva York. Le hablé el jueves por la noche. Estaba muy rara y cortante en el teléfono. Tenemos nuestras "ubicaciones" compartidas. Descubrí que permaneció en un sitio por varias horas después de las 10 p.m. La confronté. Al principio inventó toda una historia, pero terminó confesando. Estuvo con un hombre a quien conoció en Tinder. Le pregunté si, de no haberla confrontado yo, tendría la intención de decirme la verdad y dijo que no.

Gerardo y Amelia llevaban cuatro años juntos y habían contraído matrimonio hacía tan solo dos meses. Gerardo estaba devastado.

Una semana después, me contó que se había mudado fuera de su departamento.

—Le dije que no podíamos seguir juntos porque ella no estaba dispuesta a decirme la verdad. ¿Con quién me casé? Cuando contraje matrimonio con ella, juré luchar por nuestro amor, pero no puedo luchar contra el engaño.

Gerardo y Amelia decidieron ir a terapia de pareja. El trabajo fue duro, pero la recompensa grande. Encontraron que ambos estaban repitiendo un patrón familiar, reviviendo situaciones de su pasado. En verdad eran la pareja perfecta. Sus historias embonaban perfectamente. Con nuevos acuerdos y nueva conciencia, regresaron a vivir juntos pocos meses después, comprometidos a crear un futuro juntos.

Del enamoramiento al amor

> *Si me quieres, quiéreme entera,*
> *no por zonas de luz o sombra...*
> *Si me quieres, quiéreme negra*
> *y blanca. Y gris, verde, y rubia,*
> *y morena...*
> *Quiéreme día,*
> *quiéreme noche...*
> *¡Y madrugada en la ventana abierta!...*
> *Si me quieres, no me recortes:*
> *¡Quiéreme toda!... o no me quieras.*
> *Dulce María Loynaz*[29]

Evolucionar en el amor no es sencillo. La pareja que logra encontrar el amor después del enamoramiento ha encontrado una bendición. Cuando superamos la etapa del enamoramiento, podemos ver la realidad. Aparece el otro, con defectos y cualidades. El milagro del amor verdadero es "ese decir sí quiero", que invita a tener la valentía para comprometernos a continuar fomentando el deseo de seguir amando y construyendo un futuro juntos.

Para la mayoría de la gente, nos dice Fromm (Fromm, 2000), el problema del amor consiste fundamentalmente en ser amado, y no en amar, no en la propia capacidad de amar. A su manera de ver, el problema consiste en cómo lograr ser amado, cómo ser dignos de amor. "Para alcanzar ese objetivo, siguen varios caminos. Uno de ellos, utilizado en especial por los hombres, es tener éxito, ser tan poderoso y rico como lo permita el margen social de la propia posición. Otro, usado particularmente por las mujeres, consiste en ser atractivas, por medio del cuidado del cuerpo, la ropa, etc".

---

[29] Dulce María Loynaz es una escritora cubana considerada como una de las figuras de la lírica cubana y universal (1902 - 1997). https://www.poeticous.com/dulce-maria/quiereme-entera?locale=es

Desde esta perspectiva, lo que se busca es volverse suficientemente atractivo para tener la pareja adecuada. Pero esto es una paradoja. Mientras más amor se busca fuera de sí, menos amor se encuentra. Porque el amor parte de nosotros y de nuestra capacidad de amar al otro. Recuerda tus tiempos de la adolescencia. Cuando más querías tener novio (a) ¡menos canchanchanes se te acercaban! ¡Claro! porque el mensaje que emitías era de estar necesitado e incompleto. ¡Y eso no es atractivo para nadie!

Así, el amor maduro se muestra como la posibilidad de respetar y hasta admirar al otro tanto como a sí mismo. Ésto significa poder permanecer siendo tú y permitir e impulsar a que el otro haga lo mismo. Normalmente cuando una persona puede amar a una pareja, también puede amar a sus otras relaciones.

Así que, como decimos en mi entrenamiento de *7 Semillas de Amor y Abundancia* (Escalante, 2003), hay que empezar por amarnos a nosotros mismos para que nuestra pareja refleje la misma calidad de amor.

Completos o Incompletos

"El amor es una palabra, un pedacito de utopía, es todo eso y mucho menos y mucho más, es una isla, una borrasca, un lago quieto. Sintetizando yo diría que el amor es una alcachofa que va perdiendo sus enigmas hasta que queda una zozobra, una esperanza, un fantasmita".
Mario Benedetti[30]

El amor de pareja nos da la sensación de estar al fin completos. El maestro Erick Fromm nos señala que la solución plena del

---

[30] Mario Benedetti fue ue un escritor, poeta, dramaturgo y periodista uruguayo integrante de la generación del 45. (1920 - 2009).

problema de sentirnos separados y solos está en el logro de la unión interpersonal, la fusión con otra persona, en el amor.

Sin embargo, aunque la unión interpersonal en amor parece ya cercana a la resolución del dilema de la separación, nadie puede llenar completamente al otro. ¿Qué tanto una persona puede "fundirse" con otra sin depender o desaparecer? Y si esto fuera posible, ¿qué tanto esta unión será sana y podrá sostenerse en el tiempo?

Nacimos infinitos y nuestro corazón
no descansa hasta llenarse de infinito.

Es necesario que cada parte de la pareja evolucione y se complete teniendo sentido de vida, amando su trabajo, a sus familias, amigos y su propio sentido espiritual.

Porque, para que la pareja dure, se requiere de dos.
No dos mitades.

Los cuatro elementos del amor de pareja

Amo tus pies porque anduvieron sobre la tierra
y sobre el viento y sobre el agua
hasta que me encontraron.
Pablo Neruda[31]

La permanencia del amor en la pareja no está garantizada. Dar y recibir en un fluir constante y abundante, requiere de un trabajo continuo. "El amor de pareja se parece a un jardín", me dijo hace más de 30 años mi hermosa y sabia terapeuta Lina Herrera. Hay que sembrar, regar, deshojar, quitar la hiedra mala y darle tiem-

---

[31] Los versos del Capitán: Tus pies Pablo Neruda TUS PIES Cuando no puedo mirar tu cara miro tus pies.

po para que florezca. Para mí, los cuatro ingredientes requeridos para que este jardín crezca y de frutos son:

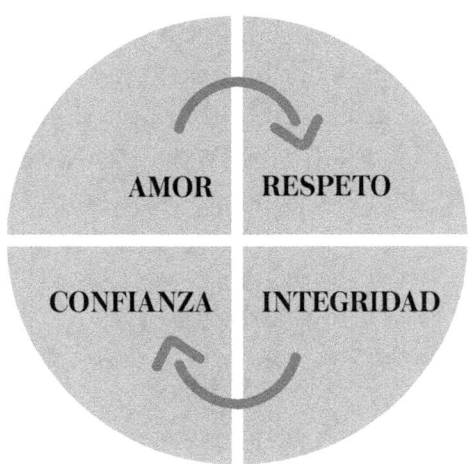

Si cualquiera de éstos falta, la relación se encuentra en serios problemas. El trabajo de jardinero es continuo. No se puede dar por sentado. La relación está viva igual que tú. Sólo si trabajas profundamente en ella, se podrá convertir en un jardín hermoso. Si abandonas su cuidado, se transformará en un muladar lleno de basura y mala hiedra. Analicemos brevemente estos cuatro elementos indispensables para que una pareja pueda vivir en plenitud.

Integridad, Confianza, Respeto y Amor

Mantener la integridad en el amor implica mucho más que cumplir con la palabra. Es ver al otro como un legítimo otro. Dejar de controlar y observar, fluir y complementar. Como dice el famoso biólogo chileno Humberto Maturana. El amor "Nos abre la posibilidad de reflexión y se funda en una forma de percepción que permite visualizar al otro en su legitimidad. De este modo se genera un espacio donde la cooperación parece posible y nuestra soledad es trascendida: el otro cobra una presencia con la cual uno establece una relación de respeto. (Maturana Rosmesín & Porsken)

Como siempre, la integridad y la confianza van de la mano y la confianza en la pareja depende completamente de la capacidad de mantener nuestros compromisos. Si se rompe la palabra, se desmorona la confianza. Aparece el miedo, que es el estado opuesto al amor[32]. Miedo de ser lastimados, conocidos, burlados, decepcionados. Se acaba el gozo y aparecen el odio, los celos, los enojos, los malos entendidos.

¿Alguna vez has visto una iglesia rodeada de gárgolas? ¿esos monstruos hechos de piedra, deformes, y con garras? o ¿un templo budista rodeado de demonios? Ellos están ahí como símbolos de protección y para alejar a los malos espíritus. Así también, el amor debe ser resguardado por las gárgolas que representan la integridad y la confianza. Lo que hace sagrado al amor es que sólo puede vivir en la elección de la vulnerabilidad misma que debe ser protegida de lo violento y lo blasfemo.

Y es que el amor sólo puede existir a través de la presencia de integridad y cuidado auténticos entre los seres. Cuando esta integridad se rompe, se siente un agujero, un vacío, una ruptura en el corazón, que es el templo sagrado en donde se asienta nuestra capacidad de amar. Las gárgolas y demonios que protegen al amor representan las valientes conversaciones que se deben tener para proteger el amor y la confianza indispensables para sostener lo sagrado entre nosotros.

Pero al final, decidir amar al otro en la pareja es un verdadero acto de fe enraizado en la esperanza de que todo va a estar bien. La fe que surge del compromiso mutuo de ponerse al servicio del otro como un ser legítimo y digno de cariño. Y es cuando brindamos este cuidado profundo a aquellos que amamos, que podemos comenzar a sanar y a cumplir con integridad los compromisos adquiridos con aquellos a quienes hemos elegido amar.

---

[32] Un Curso de Milagros. Ed. Foundation for Inner Peace. 1979

Reparando la integridad en el amor

"El día que una mujer pueda no amar con su debilidad sino con su fuerza, no escapar de sí misma sino encontrarse, no humillarse sino afirmarse, ese día el amor será para ella como para el hombre, fuente de vida y no un peligro mortal".
Simone de Beauvoir[33]

La traición es uno de los causantes más comunes de la desintegración del amor. Una gran variedad de ejemplos sobre este tema se encuentra en la Biblia. El más popular, por supuesto, es la traición de Judas a Jesús.

Esther Perel es una terapeuta de relaciones. Trabaja específicamente con parejas que están experimentando o han experimentado infidelidad. Ella es clara en su diálogo: "La traición en una relación se manifiesta de muchas formas" (Perel). Se refiere a que, en estas épocas, desde una conversación por mensajes de texto, hasta el perseguir en las redes a antiguos amores, por no mencionar una lista que no cabría en este espacio, pueden constituir formas de traición, cuyo límite se encuentra en el acuerdo que tiene la propia pareja.

En mis cursos a veces pregunto: "¿Quién ha sentido la sensación de tener un agujero en el corazón?". El 99% de nosotros hemos experimentado esto en algún momento u otro, esta sensación de dolor en nuestro pecho que llamamos "tener el corazón roto". Cuando esto sucede, nuestros sentimientos tienen una fuerza que nos parece casi inmanejable. Queremos correr, gritar, separarnos del otro, vengarnos, maltratar o incluso desaparecer.

---

[33] Simone de Beauvoir escritora, profesora y filósofa francesa feminista (1908 – 1986) https://www.fucsia.co/actualidad/personajes/articulo/frases-de-simone-de-beauvoir-sobre-mujer-y-feminismo/70950

¡Cuánta violencia se ha generado en las relaciones de pareja ante los celos, las traiciones, o aún peor, las mentiras que inventa nuestra inseguridad sobre aquellos a quienes hemos decidido amar! La violencia doméstica es un mal presente en el mundo entero que con frecuencia tiene como desenlace muertes violentas o la desesperación que lleva a quitarse la vida.

La ONU da unas cifras inimaginables: 35% de las mujeres de todo el mundo ha sufrido violencia física y/o sexual por parte de un compañero sentimental o violencia sexual por parte de otra persona distinta a su compañero sentimental (estas cifras no incluyen el acoso sexual) en algún momento de sus vidas. Sin embargo, algunos estudios muestran que hasta el 70% de las mujeres ha experimentado violencia física y/o sexual por parte de un compañero sentimental durante su vida. (ONU Mujeres, 2019)

Es nuestra responsabilidad elegir a quién queremos entregar nuestro afecto y a quién no, para evitar ser víctima de nuestras propias elecciones.

¿Qué nos hace permanecer en este tipo de relaciones? En muchos casos la falta de seguridad y de recursos; en otros, la falla en la integridad con nosotros mismos, baja autoestima tal vez combinada con la repetición de patrones del pasado. Si este es tu caso ¡Busca ayuda! Llama a las líneas de emergencia de tu comunidad. Acude a especialistas que trabajen contigo y con tu pareja o busca apoyo psicológico. Lo importante es que sepas que tu situación tiene salida si tomas los pasos adecuados.

---

[34] Los versos del Capitán: Tus pies Pablo Neruda TUS PIES Cuando no puedo mirar tu cara miro tus pies.

¿Cómo sanar un corazón roto?

*"No te rindas, porque cada día es un comienzo nuevo,
porque esta es la hora y este el mejor momento".*
Mario Benedetti[34]

No existe receta o fórmula mágica para superar un duelo amoroso. Sin embargo, el modelo de confianza del Dr. Flores nos da algunas pistas. Flores señala que nuestros estados de ánimo provienen de los juicios que realizamos de cara al futuro que imaginamos.

Si, por ejemplo, juzgamos que el rompimiento de una relación fue afortunado, ya que en realidad no queríamos estar en esa relación y pensamos que encontraremos una relación mejor, entonces nuestro estado de ánimo será de esperanza o hasta de liberación. Pero si, a nuestro juicio, el rompimiento es lo peor que nos pudiera haber ocurrido, pues pensamos que hemos perdido al amor de nuestra vida y no encontraremos otro amor igual, entonces estaremos deprimidos y sin esperanza.

Aunque sintamos que nuestro corazón se ha roto, debemos saber que parcialmente, son nuestros juicios sobre el futuro los que ocasionan esta sensación. Nuestro corazón está completo; sólo nos duele, y es importante saber que el dolor se desvanece poco a poco cuando asumimos la responsabilidad de nuestros juicios, y abrazamos con dulzura nuestra propia fragilidad.

En la opinión de Esther Perel, la relación que ha sufrido infidelidad o traición se puede reparar siempre y cuando, el que ha roto la confianza, acepte su responsabilidad y abra un espacio para el diálogo con honestidad y apertura. Ella relata que, en múltiples ocasiones, este diálogo es el más revelador y enriquecedor que las parejas han tenido en años. Y en no pocas ocasiones, de esta con-

---

[34] El poema se titula "No te rindas" y se lo atribuyen a Mario Benedetti

frontación nacida de un cariño mutuo, surge una relación distinta y mejor que la previa.

Tomando el ejemplo de la historia de Gerardo y Amelia, ellos lograron permanecer juntos ya que Amelia hizo exactamente lo que Esther sugiere y creó un espacio de responsabilidad por sus acciones; y Gerardo también se responsabilizó de su presencia. Juntos, en su vulnerabilidad y valor, continuaron defendiendo la integridad del amor que tienen el uno por el otro.

Proteger el amor es un acto de valentía, implica renegociar acuerdos, anular la violencia, dejar de lado la derrota. ¿Cuántas veces se desintegran las relaciones porque actuamos sin valentía y autenticidad? Para amar, para tener fe, para respetar, debemos actuar con honestidad hacia lo que nos mueve: a la ira, a la alegría, a la tristeza, a lo que nos hace frágiles. En otras palabras, lo que nos hace humanos. Cuando alcanzamos este nivel de desarrollo, permitimos que surja lo sutil, lo irrompible y lo bello: los vehículos de la autenticidad, la vulnerabilidad y la valentía.

El amor verdadero

El maestro oriental, Thich Nhat Hanh, activista zen reconocido por su intenso trabajo por la paz en Vietnam y el mundo, expone que, de acuerdo al Buda, son cuatro los elementos que debe tener el amor para ser verdadero.

> *"El primer elemento del amor verdadero es la bondad, esto es, la capacidad de ofrecer felicidad. Si no puedes ofrecer felicidad, eso no es amor verdadero. En el amor romántico, si no eres capaz de dar felicidad a la otra persona, eso no es amor verdadero. Entonces debes entrenarte para ofrecer amor a ti y a él o ella. Sin eso, ambos sufrirán. El segundo elemento del amor verdadero es la compasión. La compasión es el tipo de energía que puede eliminar el sufrimiento, que puede transformar el sufrimiento en ti*

y en la otra persona. Si no puedes ocuparte del sufrimiento en ti y en la otra persona, eso no es amor verdadero. Por eso es que karuna, es decir la compasión, el segundo elemento del amor verdadero debe ser cultivado por ti y por la otra persona. Romántico o no romántico, eso no importa. Importa si es amor verdadero o no. El tercer elemento del amor verdadero es la alegría. Si al amar, haces llorar a la otra persona todo el tiempo, y tú lloras todo el tiempo, eso no es amor verdadero. El cuarto elemento del amor verdadero es la inclusión. Que no excluyas. Su sufrimiento, es tu sufrimiento. Su felicidad es tu felicidad. Ya no hay felicidad o sufrimiento individual. En el amor verdadero está el elemento de la inclusividad, la no discriminación. No hay separación, no hay frontera entre tú y la otra persona. En ese espíritu, no puedes decir, es tu problema. No: tu problema es mi problema. Mi sufrimiento es tu sufrimiento. Este es el cuarto elemento del amor verdadero. Y si el amor verdadero tiene estos cuatro elementos, puede traer también mucha felicidad". (Hanh 2019).

En el pensamiento de Thich Nhat Hanh, al cultivar los cuatro elementos del amor verdadero: bondad, compasión, alegría e inclusión, al practicar con empeño lo que cada elemento te pide, pronto el amor abarca todo. Es decir, el amor que profesas en un inicio solo hacia una persona o hacia quienes están cerca de ti, se desborda para incluirnos a todos y a todo, no solo a los humanos, sino al mundo animal y vegetal, a la tierra entera. Así, la felicidad se vuelve ilimitada.

Al final, el amor es mucho más grande que aquello que sentimos por una pareja. El amor es un estado del ser. Es algo indescriptible e inmenso. El origen y el fin. Nada tiene que ver con la pareja, aunque se refleja en ella. Sabemos que el amor es verdadero si se muestra en uno mismo y entre nosotros.

El amor verdadero es raro de encontrar. Exige valentía y cuidado. Ante todo, es una elección. Es trabajar para que la relación no se rompa, que permanezca íntegra a través del tiempo, a pesar de los quiebres, las incongruencias, las tormentas, los enojos y los vaivenes de la vida.

Quizá el amor incondicional supone el "saberse suficiente" frente a los ojos del amado, de quien nos invita a regresar a nuestra propia casa. Así como lo hizo el hijo pródigo[35], el amante incondicional nos invita a regresar al hogar que arropa el "nosotros" que no ha sido corrupto, que permanece íntegro. A esa casa que es construida por tabiques hechos de valentía y coraje por ti y por aquel que ha tomado la férrea decisión de permanecer amándote, aunque no te entienda, pase lo que pase.

El amor verdadero tiene que ver con el compromiso hecho en libertad de crear el espacio para ser uno mismo, mientras con dignidad, respeto y alegría. "El ideal de fusión es un ideal ajeno al amor; porque el amor respeta la diferencia. El amor crea y hace fecundas a las personas. El verdadero amor ayuda a que cada uno sea tal cual es y a que cada vez sea más el mismo". (Rosa Ma. Rivero, 2019).

La integridad en el amor se produce cuando elijo que me importes y que me importe lo que te suceda; sabiendo que te importo y te importa lo que me suceda también.

Cuando amas verdaderamente sabes que tus ojos solo alcanzan a ver ese pedacito del otro que tu mirada puede abarcar. Que tus oídos apenas escuchan esa partecita del otro que pueden oír. Que el otro es mucho más grande de lo que él o ella piensa de sí mismo. Cuando amas sabes que el otro es un aprendiz de la vida. Que es inmenso. Que es luz. Que es el que se da cuenta. Que es la conciencia de lo posible... y que tú eres lo mismo.

---

[35] Santa Biblia, Evangelio de Lucas 15: 1-3, 11-32

Y en el momento en el que dos seres conscientes, suficientes, íntegros se encuentran y eligen mirarse completos, podemos ser testigos de una de las experiencias más conmovedoras que es posible experimentar: la manifestación del milagro del amor incondicional en la tierra.

Capítulo 11:

INTEGRIDAD, IDENTIDAD Y ESPÍRITU

En la tierra eres un ser de luz y de sombra.
Hoy puedes elegir la Luz.
Fiore Origgi, Sanadora Peruana.[36]

---

[36] Algunos filósofos occidentales y orientales con la filosofía no dualista son: Parménides, Heráclito, Plotinio, Meister Eckhart, Friedrich Schelling, Georg Wilhelm Friedrich Hegel, Ralph Waldo Emerson, Mary Baker Eddy, Friedrich Nietzsche, F. H. Bradley, William James, Alfred North Whitehead, Buckminster Fuller, Bertrand Russell, Ludwig Wittgenstein, Jay Michaelson, Iaghia Valkia, Lao Tsé, Zhuang Zi, Nagaryuna, Gaudapada, Shankara, Wang Yangming Ramakrishna, Swami Vivekananda, Meher Baba, Krishnamurti, H. V. L. Punsha, Maharishi Mahesh Yogi,Osho Rajneesh, Bhaktivedanta Swami Prabhupada Bhaktivedanta Swami Prabhupada.

El desarrollo espiritual es indispensable e imperdible. Es un proceso evolutivo que abarca toda la vida. Para muchos es un misterio; para otros es confusión. Estamos hambrientos del espíritu lo sepamos o no pues lo finito no sacia lo infinito. En lo más profundo de nuestro ser deseamos alcanzar una mayor conexión con nuestra dimensión espiritual. A continuación, te describo la forma en que yo entiendo el desarrollo de la conciencia y su relación con la integridad y el mundo de las posibilidades.

Los Cinco Modos

Puedes oírte desde muchas maneras. Puedes observarte desde cinco lugares. Puedes sentirte en cinco formas. Y hasta que hayas recorrido todos estos cinco caminos llegarás a sentirte plenamente íntegro, sin divisiones, completo, totalmente uno con todo. Son cinco formas de ser, de estar, de mirar, de escuchar. Han sido descritos por múltiples filósofos desde la doctrina Védica hasta la actualidad. Son cinco estados de la mente o actitudes interiores. Aquí le llamaré los cinco modos.

El Primer Modo

En el primer modo percibes que eres dos. Tú estás allá y yo aquí. Tú, haciendo lo que haces, y yo haciendo lo mismo. Y desde este modo, tú nada tienes que ver conmigo. Yo existo separado de ti. Puedes verme haciendo lo mío y adjudicarme todos tus juicios, todas tus opiniones, todos tus deberías —los mismos que te impones a ti mismo— pero aquí todavía no lo sabes.

En este modo, eres profundamente infeliz porque te sientes incompleto. El corazón sufre porque siente que le falta algo o alguien. A ratos experimentas alegría y también ansiedad y tristeza. En este modo percibes irremediablemente a dos, a tres, a millones que caminan con la fragilidad de advertirse cuerpos separados, cuerpos que desean sobrevivir y que luchan en el tiempo para crear comodidad, pareja, dinero, lo que sea necesario para dejar de sentir ese agujero en el corazón, esa soledad en el pecho, esa desconexión.

Los filósofos han llamado a esto dualismo puro (Renard). Aquí nunca eres suficiente ni tampoco hay suficiente para nadie. En este modo de observar existen buenos y malos, víctimas y victimarios, odios y amores, traiciones y sumisión, envidias y anhelos, ricos y pobres.

Estar completo o íntegro es una ilusión ya que cuando al fin tienes todo aquello que te hace sentir bien: cosas, parejas, amigos, dinero, etc. no te sientes feliz. Esta impresión de completud es frágil porque en cuanto algo falta o alguien no se comporta como tú crees que debería, dejas de sentirte bien; y recuerdas que son dos, tres, miles de seres separados de ti; y recuerdas que estás aquí para sobrevivir, para luchar, para tener, para sentirte bien. En este modo, no hay posibilidad de integridad sostenible porque el mundo cambia continuamente. En este modo, tu felicidad depende totalmente de que tú, el otro y el mundo en general se comporten conforme a tus expectativas y también de que poseas todo aquello que, según tú, necesitas.

En el sentido espiritual, en este modo de ver las cosas, es probable que creas en un dios esquizofrénico que hizo un mundo incomprensible y malo. Si así lo crees, no puedes más que tener miedo de ese Dios esquizofrénico quien, al igual que tú, juzga, castiga y condena. En este primer modo estás separado. Estás solo con tus pecados y, más vale que te portes bien, so pena de un castigo inimaginable: el infierno.

Este modo de percibir o actitud mental produce el infierno mismo en la Tierra. La sensación de incompletud puede ser tal, que te vuelves contra de ti o tus hermanos para arrebatar, quitar, envidiar, condenar y así poder llenar ese corazón tuyo que busca al infinito.

Cuánto sufrimiento se ha causado en la tierra por mirar desde este modo, por creer en el Dios que castiga, por creer que la satisfacción y el sentido vendrán desde el cuerpo finito que lucha por subsistir, con la conciencia de que no podrá sobrevivir a la experiencia de la Tierra. Porque tú sabes que algún día vas a dejar el cuerpo y regresar a casa, a la completud, a la integridad, a la unidad. Pero cuando miras de este modo, tienes olvido en el corazón y en la mirada. Solo sabes que vas a morir; ves lo que ves y crees solo en aquello que puedes tocar y que percibes con tu cuerpo finito.

Y así se ha experimentado este modo de ver las cosas en la tierra por milenios.

El Segundo Modo

Hay quien ha despertado para vivir en otro modo, el segundo modo, el modo del amor dual. En esta actitud mental, seguimos siendo dos. Tú eres tú y yo soy yo. Sin embargo, has encontrado que la mejor forma de relacionarte con esta brecha entre tú y yo es el amor.

Has entendido que Dios es amor y has perdido parcialmente el miedo de ser juzgado por él y ser enviado irremediablemente al infierno. Aunque sigues creyendo en el castigo eterno, confías en el amor de Dios para salvarte de tus pecados y perdonar tus faltas.

Los filósofos le han llamado semi-dualismo. Cuando miras desde este modo, sabes que el amor te ha salvado porque si Dios te perdona, ahora tú puedes perdonar. Te puedes ver a ti mismo y perdonarte. Y comulgar contigo y aunque te veas y veas al otro carente, frágil y pecador, sabes que la respuesta es el amor. Y dices algo así como "Te amo, aunque me cueste mucho trabajo; y no puedo dejar de tener juicios sobre ti, pero ahora los corrijo con el amor y me esfuerzo en ser amoroso y en regresarte al amor".

Yo viví en este modo muchos años. Mi corazón había encontrado cierto nivel de integridad, paz y descanso. Tal vez tú lo has experimentado también y te has vuelto un ser amable y cálido. Sin embargo, percibes la paz como momentánea e inestable. La integridad y la completud continúan frágiles porque desearías que todos fueran afectuosos entre ellos y contigo, y sus múltiples defectos contrastan con tu imagen de lo que debería de ser. Te vuelves vulnerable porque buscas que el amor sea en ti y en todos. Pero no todos te miran de este modo, no todos actúan desde el amor. Ni tú tampoco.

Trabajas para ser amoroso, te esfuerzas y te decepcionas porque el afecto que diste no regresa como tú deseabas. La abundancia viene y también se va. Te das cuenta de que la sombra existe, a veces te atemoriza verla y no tienes idea de qué hacer con ella porque lo que sabes es que el amor lo compone todo, lo arregla todo; pero no sabes cómo ser vulnerable. Tu allá y yo aquí. Eres un pecador redimido por el amor. No eres perfecto y el otro tampoco. Y te esfuerzas por perdonarte y perdonar. Y te pides a ti mismo, o le pides a Dios, que te dé un corazón amoroso para amar a los hombres y en particular a ti mismo.

Cuando miras desde este modo, y vives una situación en la que el amor se acaba, se traiciona o se va, te desconectas de ti y del amor. Aunque tratas de perdonar, no puedes hacerlo completamente. Tú me hiciste esto. Yo te hice esto otro. Y tienes la sensación de tener un corazón roto, dividido.

¡Cuántos y cuántos corazones rotos van caminando por la tierra! Hombres y mujeres decepcionados de haber dado amor y no ser correspondidos. Dependientes de encontrar el amor en la pareja, en los hijos, en los amigos, en Dios, pero con la sensación de seguir separados. Te amo a ti que eres tú y a mí que soy yo; amo a Dios que esta allá arriba o acá adentro; pero al final te sientes desconcertado, juzgas, perdonas, te desconectas, te encuentras y en muy poquitos ratos te sientes conectado con el amor.

El Tercer Modo

> *"Tu único llamado es dedicarte a la negación de la culpa en todas sus formas. ¿Quién puede condenar a quien Dios ha bendecido?"*
> (Foundation for Inner Peace, 1975)
> *Un Curso de Milagros*

Algunos han despertado a un tercer modo. Aquí ya no existe un tú y un yo. El universo se vuelve un gran invento, un cuento que hemos creído y que es irreal, aunque nuestros sentidos lo sientan fuertemente. Me permitiré citar a Gary R. Renard en su diálogo con Pursah en este controversial, maravilloso y viejo libro la Desaparición del Universo:

"Pursah: ¿Recuerdas ese viejo acertijo que pregunta: Si un árbol se cae en medio del bosque y no hay nadie allí para oírlo, ¿sigue haciendo ruido?

Gary: Claro que sí. No puede ser probado, por eso la gente siempre acaba discutiendo sobre él.

Pursah: ¿Cuál dirías que es la respuesta? Prometo no discutir contigo.

Gary: Yo diría que el árbol siempre hace ruido, tanto si hay alguien allí para oírlo como si no.

Pursah: Y te equivocarías completamente, incluso en el nivel de la forma. El árbol emite ondas sonoras. Las ondas sonoras, como las ondas de radio -y en realidad las ondas energéticas de todo tipo-, necesitan ser captadas por un receptor. Hay muchas ondas de radio que inundan esta habitación en este momento, pero no hay sonido porque no hay un receptor sintonizado con ellas. El oído humano y el animal son receptores. Si un árbol cae en medio del bosque, y no hay nadie allí para oírlo, no hace ningún ruido. El sonido no es sonido hasta que lo oyes, del mismo modo que la onda energética no parece materia hasta que la ves o la tocas.

Acortando una larga historia, debería ser evidente, a partir de lo anterior, que hacen falta dos para bailar un tango. Para que cualquier cosa pueda interactuar necesitas la dualidad. Evidentemente, sin dualidad, no hay nada con lo que interactuar.

No puede haber nada en el espejo sin una imagen delante del espejo, asociada a un observador que lo percibe. Sin dualidad no hay árbol en el bosque. Como saben algunos de vuestros físicos cuánticos, la dualidad es un mito. Y si la dualidad es un mito, no sólo no hay árbol, sino que no hay universo. Sin ti para percibirlo, el universo no está aquí, pero la lógica dicta que, si el universo no está aquí, tú tampoco estás aquí. Para fabricar la ilusión de la existencia, tienes que tomar la unicidad y dividirla aparentemente, y eso es precisamente lo que has hecho. Todo es un truco.

En este modo sabes que el mundo existe sin ti. Sin embargo, sólo existe para ti a través de ti. Es decir, la información que envían tus cinco sentidos es interpretada por tu mente dando forma a lo que crees que existe. Y lo que decimos juntos como especie humana forma una interrelación de todas nuestras conciencias expresada en nuestra cultura. Que increíble saber que, para ti, no existe el mundo sin ti. Tú eres el gran intérprete y tu mente da forma a todo lo que existe.

En este modo de ver, la integridad significa entender que no estás separado y hacerte cargo de tus juicios sobre ti mismo y sobre el mundo. Estamos completamente ligados ya que no existes tú sin mí, el intérprete. Saber que soy yo el que te percibo y te invento, dada mi propia percepción del mundo. ¡Es increíble! Aquí vivir en integridad significa entender que tú eres el autor de todo tu drama, tu alegría y, en general, de esta aventura que es tu vida; que tú me inventas a mí a través de tu interpretación, de tu percepción, de tus juicios, de tus amores y desamores; al igual que te has inventado a ti mismo.

Entonces, ¿Quién eres? Eres el intérprete, el escribano. Interpretas, observas y conviertes a los otros en lo que tú dices que son. En este modo te das cuenta de que sólo puedes mirar desde ti, desde tus estructuras mentales. Aquí nunca has conocido a nadie. ¡Solo te has conocido a ti mismo! Lo que piensas del otro dice más de ti que del otro.

En este modo de percibir te das cuenta de que solo puedes mirar al otro desde la interpretación que le da tu mirada. Ya no hay dos. Te observo y me doy cuenta de que tú y yo no estamos separados. Irremediablemente, somos uno.

A nivel espiritual, la integridad aparece con una nueva responsabilidad: la responsabilidad de tu interpretación. Tú tienes la capacidad de convertir al otro en lo que tú digas por medio de tu palabra.

De pronto te das cuenta de algo extraordinario: el mundo entero habita en ti. Tú eres el asesino y el santo, el justo y el pecador, el bueno, el malo, el avaro y el generoso. Te das cuenta de que tú, que has juzgado, eres capaz de todo eso y de más. Y entiendes que los hombres se comportan hacia ti basados en los pensamientos y juicios que tienes. Que tu vida es el resultado global de lo que tú has dicho que es o no posible.

Adviertes que el bueno es bueno porque tu así lo miras. El malo es malo porque tú así lo dices. Y al final descubres que no hay nadie allá afuera sin ti, el intérprete, interpretándolo todo. Te haces cargo. Tu integridad se muestra en este modo porque ha desaparecido el yo y habita ahora el nosotros. Yo te he inventado a ti y tú a mí. Somos en conjunto, no somos separados. El amor que te doy, me lo doy a mí. Te percibo en amor y el amor regresa a mí porque sale de mí.

"Si haces desaparecer el "me" de tu vida: "tú me hiciste", "tú me destruiste", "tú me has hecho caer", puedes liberarte y puedes perdonar. Este es el camino para ser libre y aceptar tu propia responsabilidad sobre tus acciones" (Rosa Ma. Rivero, 2019).

Aquí, en este modo, tu función en la tierra consiste en perdonar y regresar al amor. Perdonar en el sentido pleno y absoluto. Perdonar sabiendo que:

a) Yo te perdono porque tú no me hiciste nada. Yo te inventé y te pedí que jugaras este papel para mi propio despertar. Pero nada de esto es relevante porque yo soy la fuente que proyectó esta ilusión. Tú eres inocente.

b) Yo me perdono porque yo inventé este drama para mí, proyectando ideas de separación que no existen. Yo soy contigo. Soy inocente.

c) Yo entrego todo esto al Espíritu Santo o a Dios, confío, descanso y transmuto el pasado quedando solo el presente y mi capacidad de inventarme de nuevo.

El Cuarto Modo

> *Fue tu voluntad hacerme infinito. Este frágil vaso mío tú lo derramas una y otra vez, y lo vuelves a llenar con nueva vida. Tú has llevado por valles y colinas esta flautilla de caña, y has silbado en ella melodías eternamente nuevas. Al contacto inmortal de tus manos, mi corazoncillo se dilata sin fin en la alegría, y da vida a la expresión inefable. Tu dádiva infinita solo puedo cogerla con estas pobres manitas mías. Y pasan los siglos, y tú sigues derramando, y siempre hay en ellas sitio que llenar.*
> *Rabindranath Tagore*[37]

Pero existe un cuarto modo. Es un salto en la percepción que plantea otra forma de integridad y de identidad. En este modo comienzas a estar en contacto continuo con la conciencia universal o experimentar el amor universal, la conciencia del Tao, o el contacto con el Infinito o con Dios, como tú prefieras llamarle.

Lo experimentas no con tu mente, sino que en todo tu ser que empieza a sentirse completamente conectado con algo mucho más grande que tú. Le llamamos a estos estados experiencias místicas. Las experiencias son espontáneas y no controladas por quien las vive. Y esto es así porque, quien la experimenta, desaparece precisamente en el momento de la experiencia mística, o en algunos casos en el éxtasis.

---

[37] Rabindranath Tagore, en bengalí রবীন্দ্রনাথ ঠাকুর, fue un poeta bengalí, poeta filósofo del movimiento Brahmo Samaj, artista, dramaturgo, músico, novelista y autor de canciones que fue premiado con el Premio Nobel de Literatura en 1913, convirtiéndose así en el primer laureado no europeo en obtener este reconocimiento. (1861-1941).

Estoy segura de que tú has tenido estas experiencias místicas en algún momento de tu vida. Eres un ser de luz. Y aunque tu sombra o tu personalidad se confundan a ratos, no puedes evitar ser quién Eres.

Tal vez hayas vivido de forma breve este tipo de experiencias en la contemplación de la naturaleza, de un bebé, del cielo, etc., donde el tiempo parece detenerse, y no existe nada más que la comunión con el momento. También puedes haberla experimentado como el amor puro que surge en los momentos en que te unes a todos los seres. O tal vez justo cuando te das cuenta de la presencia de la Presencia.

Las experiencias místicas son difíciles de describir en palabras. Cuando caminaba con mi maestro José Luis, el día de mi despertar me dijo las siguientes palabras: has buscado a Dios con tu mente, pero no cabe ahí. Has de buscarlo en tu corazón, sentirlo... y después, tal vez, podrás utilizar tu mente y apenas balbucear y poner en frases algo que apenas se parezca a lo que viviste. ¡Con razón los grandes avatares o maestros espirituales nos han hablado por tanto tiempo en metáforas! Así ha sido para mí y muy posiblemente para ti, pero intentaré poner palabras a este estado de conciencia.

En la experiencia mística, Dios se percibe fuera de toda interpretación. Dios es en ti y tú en él o en el ella (Dios no tiene sexo). Por momentos te das cuenta de que no son dos; es uno contigo. Y comienzas a tener la conciencia de unidad. Nadie te juzga porque no hay juicio posible en el amor total. Inicias el camino de reidentificarte con Dios. Ser hijo de Dios. Ser uno con la conciencia. Te aquietas y comienzas a percibir la unidad en ti. Sientes la energía, la vibración sin juicio. Te quedas sin palabras. No hay palabras para expresar esa unidad, esa comunión. Sabes que no estás separado. Nunca lo has estado. Todo ésto es una ilusión, no hay nada malo en ti, nada que corregir. Solo el fluir de la vida y el retorno a la conciencia de unidad con él, con todos, con todo.

La práctica de la meditación consciente puede ponerte, en formas diversas, en la disposición de experimentar este estado. La bendición de la práctica de la ciencia del Kriya Yoga (Yogananda, 1970) ha sido extraordinaria para mí, así como la práctica de Un Curso de Milagros (Foundation for Inner Peace, 1975). Las enseñanzas sobre estar presente de Ekhard Tolle (Tolle E., 1997) también han sido de gran utilidad. Para seguir todos estos caminos la disciplina es indispensable. La palabra disciplina proviene etimológicamente del latín discipulus y significa imponer un orden necesario para poder llevar a cabo un aprendizaje.

Tú has seguido tu propio camino. Ese camino que te llevará hacia tu luz. Al final, tú eres tú maestro y sabes que debes de seguirte. Sin embargo, cuando te encuentras en este modo, tal vez necesites de alguien que está temporalmente un poco más consciente que tú. Si así lo elijes, puedes buscar de manera transitoria un camino o un maestro que te lleve a experimentar este cuarto modo. Solo te pido que distingas que no todos los seres que son poderosos son amorosos. Así que, si requieres un maestro, elije a alguien cuyo camino esté centrado en el amor.

Y ¿cómo distinguir si un maestro o un camino es de luz y no de sombra? El maestro Jesús nos dio una buena pista: "por sus frutos los conoceréis..." Elije a un maestro o una disciplina que esté basada en el amor universal, en la compasión, en la paz. Pero el camino es sólo el camino. El que camina eres tú y la experiencia mística no depende de ti. Hasta aquí llega tu control. Tú te dispones y eso es todo lo que te corresponde.

Después de percibir desde el cuarto modo, regresas a la cotidianidad de tu vida con una conciencia mucho más clara y amorosa. Infinidad de seres que ahora llamamos maestros espirituales, santos o yoghis de altísimo nivel vibratorio viven en este estado.

Algunos son famosos, pero a la mayoría no les ha interesado la fama. En momentos, su estado de conciencia es como gran faro de luz para otros. Están despertando. Poco a poco se vuelven más transparentes a la luz. Se han fundido al amor de Dios, casi siempre, en completo anonimato.

Cuando te encuentras en el cuarto modo, te conectas con un amor tan grande que no cabe en tu corazón. Se derrite todo lo duro que hay en ti y aparece lo indescriptible. Eres uno con el Amado. Una vez conocida la dulzura del amor universal, todo tu ser añora sentirse así, estar ahí, vibrar ahí, en este modo. Todos caben en tu corazón. El más pequeño y el más grande de los seres. Te regalo un poema que escribí para ti y que describe un poco la integridad que se experimenta cuando nos encontramos siendo y percibiendo desde este modo.

Te amo
sin importar tu nombre,
tu rostro, tus ambiciones y tus quejas.

Te veo íntegro, completo, sin ruptura.
Simplemente tú, bello, increíble.
Soy los mil rostros del amor...

Me cuido en ti,
me protejo en ti,
me conozco en ti.

Te cuido en mí
te protejo en mí
te conozco en mí.

Y canto el canto más bello:
el del Sol y el de la Luna.

Soy en ti
y tú en mí
como un suave retoño...

Canto de piedra y agua,
de carne y sueños.

Ojos verdes, rojos, azules.
Tienes todos mis rostros y mis nombres.
Yo tengo los tuyos.

Fuente de regocijo,
Canto de ave viajera.

Tu rostro es el mío
Santo, pecador, sabio, hombre
niña, mujer, anciano.

Me amo
En todos tus colores y formas
Completa, alegre y pasajera.

Y... te amo
sin importar tu historia irrelevante,
ni mi rostro, mis ambiciones ni mis quejas.

Y vuelvo a amar así,
En mi sinfonía inconclusa

Y... me veo y te miro
Simplemente tú-yo, bello, increíble.
Siendo los mil rostros del amor.

Mtra. Ana L Escalante Rivero, MCC

El Quinto Modo

"La única parte de tu mente que tiene realidad
es la parte que te une todavía con Dios".
"Acepta entonces lo inmutable.
Deja al mundo de los muertos atrás
y retorna calladamente al cielo".
"Bendito hijo de un Padre completamente bendito.
El gozo fue creado para ti".
Un Curso de Milagros[38]

El quinto modo se refiere a la forma de ser y percibir desde la Iluminación. La total fusión con Dios. En este modo desapareces por completo. Es el estado descrito como Conciencia Crística, iluminación, estado avatar, unión total con Dios. Piensa en el maestro Jesús el Cristo, Sidartha el Budha, en Krishna, Abraham, Babaji y muchos que han llegado ya a ese estado. José Luis, el maestro del que te he hablado, vivía en este estado del ser continuo.

Cuando comienzas a percibir desde este modo te has salido del sueño o de la ilusión también llamada: Maya en el hinduismo; Mitote para los toltecas; Matrix para Morfeo en el cine contemporáneo, etc. En este modo entiendes que la mente está proyectando ondas de dualidad para crear el universo que conoces; es decir la mente proyecta ondas duales para que pueda parecer que se hacen partículas sólidas interactuando unas con otras como en una película.

En este nivel el Ego, se encuentra completamente integrado al espíritu. Y ya no hay roles del ego que interfieran la atención del maestro. Ya no hay maestro. Hay conciencia infinita, matri-

---

[38] Un Curso de Milagros fue escrito por 1976 de Helen Schucman, un plan de estudios para aquellos que buscan lograr la transformación espiritual. La premisa subyacente es que el mayor "milagro" es el acto de simplemente obtener una "conciencia plena de la presencia del amor" en la propia vida.

monio místico o estado de unión total. Por ejemplo, Jesús se convirtió en Cristo y Sidhartha en Budha.

"Aquí los maestros se dan cuenta de que no sólo no existe el universo, sino que ellos mismos no existen en ningún otro nivel que el del puro espíritu. Eso es algo que prácticamente ninguno de nosotros quiere saber. Resulta aterrador para la gente a nivel inconsciente porque implica la renuncia a la individualidad o a la identidad personal, ahora y para siempre." "No puedes tenerte a ti mismo y a Dios. No es posible." (Renard).

En el estado de la mente del quinto modo, te has fundido totalmente con Dios. Según las enseñanzas de libro *Un Curso de Milagros,* el ego es la fabricación de la mente que dice que estamos separados de Dios. En este modo de percibir, somos uno con Dios. O mejor dicho, solo Dios es. El ego desaparece, es decir todo pensamiento de separación se desvanece para dar paso a la unión, a la comunión, a la unidad. Dejas de ser para poder ser en la totalidad con Dios. Uno con el Todo. San Pablo lo describe bellamente: "No soy yo. Es Cristo que vive en mi" [39]

En esta total integridad o completud espiritual solo te queda el Amor. Pero es un Amor universal. Eres uno con el amor. No hay nada más. Solo Dios Es. Solo Dios Basta. Ya no hay más tú. Regresas a tu origen. Te vuelves transparente, un Cristo. Eres totalmente cristalino. Te fundes en la luz. Estás en el mundo, pero ya no eres del mundo. Tu fuente es Dios y eres uno con él.

En este modo, el perdón no tiene sentido. No hay nada que perdonar. No hay dos. Es un fluir infinito de conciencia. Te encuentras totalmente íntegro, sin rupturas, completo. Eres libre. Solo queda el amor.

---

[39] Santa Biblia. Gálatas 2, 20

Yo sé que si estás leyendo estas líneas estás siendo llamado a vivir esta experiencia de ti. Bendigo tu ser desde mi ser y te dedico como un humilde intento de expresar lo inexpresable de este quinto modo de ser, de estar, de percibir...

*Soy un pedacito de carne consciente
Una bolita de respiración acunada
en los brazos de la madre
La tierra me sostiene.*

*Vibra mi cuerpo
Vibran mis pies cansados
Vibra mi corazón y mi alma sabia.*

*Y me acuno en ti como un niño recién llegado
como una anciana lista para dejar el cuerpo
para que surja el alma.*

*Me acuno en ti,
como hija de la tierra y del cielo
Me abrazo en tu regazo, vibro.*

*Vibran mis manos hermosas que trabajaron
hoy para la tierra
También vibran mis ojos, mis oídos, mi lengua
que hoy cantó un canto de gracia,
canto renovado.*

*Vibra mi cuerpo que se esfuerza en ser luz
Hasta que ya no se esfuerza
y se convierte en luz...
Y luego en sombra...
y en luz.*

*Vibra la paciencia del ser y del no ser
De aquel que se atrevió a venir a la tierra
a encarnar la luz.*

*Vibra el ser que se sabe
Y el que no se sabe
Y el que canta un canto nuevo.*

El canto de la tierra nueva
El canto del alma libre
El canto del que se sabe acunado,
protegido, consciente.

Vibra la tierra
y con ella vibro yo
y me conecto con su centro.

Y le envío luz
Y siento los niños del otro lado de la tierra
recibiendo esa luz.

Y también los adultos
que hoy mueren, los que sufren
recibiendo esa luz de la tierra.

Y cuando inhalo
recibo su grandeza.

Y ya no sé quién es quién da la luz,
si el padre o la madre
Y yo en el centro.

Igual que tú
en el centro del cosmos
recibiendo la gracia y expresando la tierra.

Vibro y mientras vibro
me recuerdo por siempre de mi origen
El origen de todo.

Oigo el canto del hombre en mi cabeza
Un sonido agudo-grave,
el palpitar del cielo en mí.

Y agradezco y me hago uno contigo,
dos contigo, tres contigo y cuatro...
Y así, el infinito contigo.

He venido a servir
a hacer el bien a los hombres de la tierra
a expresar la Unidad.

El Cristo en Mi y yo en el Cristo
Desaparezco...
Tú en el Cristo y el Cristo en Ti
Desapareces...

He venido a expresar la unidad en la tierra
de los santos
Y también en la tierra de los que aún no saben
que son santos.

Canta corazón mío de cenzontle
Canta el canto nuevo
El canto que tú eres y también el que no eres
pero que siempre has sido.

Y descansa
Suelta el cuerpo, suelta la mente
Brilla pequeño y fúndete en mi regazo.

Ana L. Escalante Rivero, MCC

EPÍLOGO

Es un honor epilogar el libro *INTEGRIDAD* El Lenguaje de las Posibilidades, de la Mtra. Ana Luisa Escalante Rivero que contiene un mosaico de inquietudes propio de una autora que se ha cultivado entre ciencias, artes y humanidades.

La obra es una combinación fascinante entre la teoría y su gran experiencia profesional en México y Estados Unidos.

La Mtra. Escalante estudió Filosofía y Psicología y en su texto aparecen de manera natural reflexiones de estas disciplinas. Además ella desarrolla sus ideas en diferentes ámbitos muy interesantes: antropológico, sociológico, de filosofía del lenguaje y de la cultura, poesía e incluso temas políticos y de negocios, estableciendo un diálogo de la autora con sus lectores.

Ella aborda temas que escapan a los tratados clásicos de filosofía: amor e integridad. El pensador griego Platón, el filósofo español José Ortega y Gasset, el psicólogo francés, Ignace Lepp y el jesuita estadounidense John Powell, son algunos de los escritores referentes del amor y también de la integridad humana.

Ana Luisa Escalante ve más allá y escribe sobre el amor de pareja. ¿Es posible imaginar una sociedad sana sin amor de pareja? Cita a una de sus maestras y postula que el amor es como un jardín, hay que cuidarlo y embellecerlo.

El libro de la psicóloga mexicana nos recuerda que el ser humano no es sólo razón, y tampoco sólo instintos y voluntad. La naturaleza humana es de tal complejidad que estudiarla sólo desde una perspectiva es insuficiente.

Es probable que los lectores primero lean la obra de la Mtra. Escalante y al final este epílogo, que no tiene la función de resumirla, sino de contextualizar al final un conjunto de reflexiones útiles y veraces.

Ana Luisa Escalante imprime en su libro su sello personal: generosidad, virtuosidad artística que vivió en el Conservatorio de la Ciudad de México, valores tradicionales, liberalismo en el mejor sentido del término y una riqueza que dejan las lecturas y las experiencias.

Hay que leer y practicar este libro
y hacer vida los conceptos elaborados
por la autora. Enhorabuena!

Prof. Dr. Juan Federico Arriola
Doctor en Derecho, en Filosofía y Maestro en Historia
Miembro del Sistema Nacional de Investigadores
Catedrático Universidad Iberoamericana

Ciudad de México, marzo de 2020.

CONCLUSIÓN

La integridad es una puerta. Sólo los valientes pueden cruzarla. No es un camino fácil pues tiene un costo personal y comunitario. En ocasiones el precio a pagar son los privilegios, en otras el dinero y en otras más, el costo incluye la carrera profesional, las relaciones, el ego y hasta la vida misma.

El precio que pagan los valientes es el de ser uno con la palabra dada, de ser gentil a pesar de todo, de hacerse cargo de explorar las propias verdades, de asumir la responsabilidad personal y comunitaria de haber creado el mundo tal y como es hoy. El precio de vivir en fidelidad hacia uno mismo con los demás, honrando los compromisos que hemos adquirido. El precio de atreverse a tener las conversaciones valientes y a la vez respetuosas y gentiles que posibilitan la intimidad. El precio de incluir y beneficiar al otro tanto como a uno mismo.

Ineludiblemente debemos elegir los dilemas que la integridad nos plantea todos los días. Nuestro mundo transita en un constante cambio, en un vaivén, como un péndulo que se mueve desde el modernismo hasta el posmodernismo. Un mundo que nos reta constantemente, en el que los dilemas éticos son parte natural de nuestra vida.

La integridad no es sólo un problema moral. Es una brújula ética sin soluciones "fáciles" que dirige la acción en nuestras vidas, relaciones y, en última instancia, nuestra política.

Nuestra calidad de vida depende directamente del nivel de integridad que mostremos en nuestras decisiones. Pero no pagar este precio es mucho más costoso. Sin integridad las sociedades se fragmentan, las empresas se disocian, las familias y parejas se rompen, el comercio se vuelve desleal e injusto, los políticos se corrompen, los gobiernos pierden su propósito y decaen. La vida transcurre con enojo, desconfianza, miedo y tristeza en el alma. Se rompe el equilibrio ecológico con la tierra y entre nuestras sociedades.

No sólo es una posibilidad personal, sino que ineludiblemente involucra nuestra relación con el otro. Es entender que lo que te hago a ti me lo hago a mí mismo. Por ello acuna un espacio para fundamentar la multiplicidad y dar sentido a lo "nuevo".

La persona íntegra no cultiva un mundo de homogeneidad, sino que sostiene lo plural que parte de otorgar legitimidad y respeto a uno mismo y al otro. Entre madres e hijos, tíos y sobrinos, abuelos y nietos, jefes y trabajadores, socio y socio, comunidad y comunidad, nación y nación, identidad e identidad, la práctica de la integridad abarca la diversidad y crea a partir de ella.

La integridad es un acto de fe en acción. La reflexión, el reconocimiento, la responsabilidad y la reconciliación, como componentes básicos de la fe, nos orientan a mantener la integridad personal y comunitaria basadas en autoconocimiento, legitimidad, realización y amor.

La integridad es también un acto de fe que produce serenidad y paz en tiempos de incertidumbre. Nunca sabemos a dónde nos llevará; sin embargo, cuando sostenemos la integridad como una apuesta al futuro, podemos estar seguros de que, independientemente de los resultados, permaneceremos completos y sin resquebrajaduras. Porque al elegir la integridad, elegimos defender los valores que la acompañan: paz, intimidad, confianza, respeto, cariño, verdad, fé y autenticidad.

Hoy te invito a reflexionar. Se requieren héroes cotidianos, políticos decentes, comercios justos, familias unidas, comunidades abiertas y sociedades incluyentes. Debemos aceptar el compromiso de luchar para que una civilización del amor fecunde el tejido social. Esta realidad sólo podrá surgir de ciudadanos que hayan hecho la tarea de retar sus mentes para abrazar la ecología actual y asumir la increíble responsabilidad que conlleva saber que somos autores del mundo en el que vivimos y del futuro que ineludiblemente nos espera.

FUENTES DE CONSULTA

Acton, J. E. (2013). Essays from Freedom and Power. *Createspace Independent Publication.*

Afirmaciones y Evaluaciones. (s.f.). Obtenido de Pluralistic Networks: http://pluralisticnetworks.com/?q=home-new

Alicea, D. (No. 13 de Vol. 7 de 2009). *After Postmodernism. Hermes Criollo: Magazine for Critical Theory on Culture and Literature.* Obtenido de http://www.dennisalicea.com/publicaciones/despues-del-posmodernismo/

Bauman, Z. (2009). Ética Postmonderna. España: Siglo XXI.
Benedetti, M. (s.f.). Corazón Coraza. Obtenido de http://amediavoz.com/benedetti.htm#No%20te%20rindas

Benedetti, M. (s.f.). El amor es un centro. Obtenido de http://amediavoz.com/benedetti.htm#EL%20AMOR%20ES%20UN%20CENTRO

Benedetti, M. (s.f.). La culpa es de uno. Obtenido de http://amediavoz.com/benedetti.htm#INTIMIDAD

Brown, B. (2013). Daring Greatly: *How the courage to be vulnerable transforms de way we live, love, parent and lead.* Penguin Random House.

Bucay, J. (2010). *El camino hacia la autodependencia. Grijalvo.*

Byron, K. (2003). *Amar lo que es.* Random House LLC.

Chaparro, G. (8 de Julio de 2015). Cuántas estrellas hay en la Vía Lactea. *El Universal.*

Collodi, C. (1917). *Las aventura de Pinocho.* Austral.

Deloitte. (s.f.). *Ética en las empresas.* Obtenido de https://www2.deloitte.com/content/dam/Deloitte/mx/Documents/risk/Tips-anonimos/Etica_en_las_empresas.pdf

Di Salvo, D. (2002). Your brain sees even when you don't. *Strangers to ourlselves. Harvard University Press.*

Dr. Perry, K. (2017). Reflexionando para el libro. (A. Escalante, Entrevistador)

Escalante, Ana. (Enero de 2003). Entrenamiento Transformacional 7 Semillas de Amor y Abundancia.

Escritos de reflexión y motivación. (s.f.). Obtenido de http://escritosdereflexionymotivacion.com

Ethologue. (2018). Obtenido de Living Languages of The World: https://www.ethnologue.com/

Ferrater, J. (1990). *Diccionario Abreviado.* Barcelona: EDHASA.

Ferrer, A., & Ferrer, A. (2014). ¿Es verdad que los esquimales tienen 50 formas de decir nieve? *Quo.* Obtenido de https://www.quo.es/ser-humano/a55739/es-verdad-que-los-esquimales-tienen-50-formas-de-decir-nieve/

Flores, F. (2015). *Conversaciones para la acción y Ensayos Seleccionados: Inculcando una cultura de compromios en nuestras relaciones de trabajo.* CreateSpace Independent Publishing Platform.

Flores, F. (2016). Personal Notes. *Dwelling Program.*

Flores, F. (s.f.). Coordinación de Acciones. *Creando organizaciones para el futuro.*

Foundation for Inner Peace. (1975). *Un curso de milagros.* Foundation for Inner Peace.

Frankl, V. (1946). *El hombre en busca de sentido.* Barcelona.

Freedman, E. (2010). *Strategic Management: A Stakeholder Approach. Cambridge,* Ma.: Cambridge University Press.

Fromm, E. (2000). *El arte de amar.* Paidós.

Gozález Lozada, J. (s.f.). *Magister en Matrimonio y Familia por la Uiversidad de Navarra.* Obtenido de Integridad del amor conyugal: http://integridad-del-amor-conyugal.blogspot.com/

Hanh, T. N. (Mayo de 2014). *Plum Village.* Obtenido de https://www.youtube.com/watch?time_continue=114&v=_FCIIDmN_Po

Janssen, C. F. (1996). *The Four Rooms os Change.* Wahlstrom & Widstrand.

Klug, P. (2017). *Cuentos Tejidos.* Obtenido de http://paolak.wordpress.com/cuentos-tejidos/

Loynaz, D. (s.f.). *Psicología y mente.* Obtenido de 20 poemas para dedicar a tu pareja: https://psicologiaymente.com/cultura/poemas-de-amor

Lyotard, J.-F. (1987). *La condición postmoderna.* Madrid: Ediciones Cátedra, S.A.

Marcel, G. (2005). *Prolegómenos a una metafísica de esperanza.* Salamanca: Ediciones Sígueme.

Martí, J. (Agosto de 2018). Meditación en vivo.

Maturana Rosmesín, H., & Porsken, B. (s.f.). *Los orígenes de la biología del conocer.* Granica.

Meyer, P. (s.f.). *Liespotting: Proven techiques to detect deception.* New York: San Martin's Press.

Muy interesante. (6 de enero de 2019). *Las mayores extinciones de la historia.* Obtenido de https://www.muyinteresante.es/ciencia/fotos/las-mayores-extinciones-de-la-historia

Nigel Ogbuchi, I. (s.f.). *Akomanet.* Obtenido de La semilla del emperador: http://akomanet.com/ikechukwu/a-story-about-integrity/

Nyarko Boateng, N. (s.f.). *Akomanet.* Obtenido de How to measure authenticity. Four simple steps: http://akomanet.com/ikechukwu/a-story-about-integrity/

ONU Mujeres. (2019). *UN Women.* Obtenido de Hechos y cifras: Acabar con la violencia contra mujeres y niñas: http://www.unwomen.org/es/what-we-do/ending-violence-against-women/facts-and-figures

Organización Internacional para las Migraciones. (2018). *Informe sobre las migraciones del mundo.* ONU.

Origgi, F. (Enero de 2019). Conversaciones privadas durante mi proceso de sanación. Ciudad de México.

Palarsky, & Yammarino. (2009). *Integrity in Leadership: A multilevel conceptual framework.* Elsevier Inc.

Perel, E. (s.f.). *Rethinking Infidelity.* Obtenido de Ted Talks: https://www.ted.com/talks/esther_perel_rethinking_infidelity_a_talk_for_anyone_who_has_ever_loved?language=es

Perry, K. (2017). Reflexionando para el libro. (A. Escalante Rivero, Entrevistador)

Pinillos Díaz, J. (Febrero de 1995). Ética y Postmodernidad. Obtenido de http://www.racmyp.es/R/racmyp/docs/anales/A73/A73-8.pdf

Renard, G. R. (s.f.). *La desaparición del universo.*

Salomon, R. C., & Flores, F. (2001). *Building Trust: In Business, Politics, Relationships and Life.* Oxford University Press.

Scharmer, O. (2007). *Theory U. Leading from the future as it emerges.* Cambridge Ma.: The Society of Organizational Learning.

Searle, J. (1980). *Actos de habla.* Madrid: Cátedra.

Senge, P. (2005). *La Quinta Disciplina: El arte y la práctica de la organización abierta al aprendizaje.* Buenos Aires: Granica.

Senge, P., Scharmer, C., Jaworsky, J., & Flowers, B. (2005). *Presence: Exploring profound change in people, organizations and society.* Nicolas Brealy Publishing.

Solomon, R. C., & Flores, F. (2001). *Building Trust: In Business, Politics, Relationships and Life.* Oxford University Press.

Spruill, B. J. (2017). Notas personales.

Spruill, B. (s.f.). *Ontologicalliving.* Obtenido de Ideal Coaching Global: http://www.ontologicalliving.com/ideal-coaching-global/

Spruill, B., & Escalante, A. (2018). Manual. *Certificación International Coaching for Excellenece.* Ideal Coaching México.

Tagore, R. (1913). *Ofrenda lírica.* Gtániali Ed. Edaf.

Tallis, F. (2019). *El romántico incurable.* El Ático de los Libros.

Tolle, E. (1997). *El poder de ahora.* Grijalbo.

Tolle, E. (s.f.). *How do I keep from being triggered.* Obtenido de YouTube: https://www.youtube.com/channel/UCj9fPezLH1HU-h7mSo-tBIMg

Uniradio Noticias. (s.f.). *El enamoramiento es una psicosis.* Obtenido de https://www.uniradionoticias.com/noticias/hermosillo/392653/el-enamoramiento-es-una-psicosis-senala-especialista.html

Wittgenstein, L. (1981). *Tractatus Logico-Philosophicus.* Madrid: Alianza Editorial.

World Health Organization. (22 de Marzo de 2018). *Depressio. Health Topics.* Obtenido de https://www.who.int/mental_health/management/depression/en/

Yogananda, P. (1970). *Autobiografía de un Yogi.* Self Realization Fellowship.

Zavia, M. (13 de Diciembre de 2016). *Gizmodo.* Obtenido de Estábamos terriblemente equivocados sobre el número de galaxias en el universo: https://es.gizmodo.com/estabamos-terriblemente-equivocados-sobre-el-numero-de-1787764047

Mtra. Ana Luisa Escalante Rivero
Integridad
El Lenguaje de las Posibilidades

Primera Edición. Junio, 2020
Fotografía: Luis Enriquez
Diseño Editorial: Clarissa Terán

Copyright 2020 Ana Luisa Escalante Rivero
Todos los Derechos Reservados

Miembro de la Cámara de la Industria Editorial Mexicana
Registro Número: En Tramite

ISBN: 979 8656 17609 5
"Prohibida la reproducción total o parcial por cualquier medio sin la autorización escrita del titular de los derechos patrimoniales".

Impreso y hecho en México.

Ediciones Amadi

www.ingramcontent.com/pod-product-compliance
Lightning Source LLC
Chambersburg PA
CBHW052346220526
45465CB00003BA/986